Peter Joseph LENNÉ
PLÄNE für BERLIN

Harri Günther

Sibylle Harksen

Bestandskatalog der Lennépläne
in der Plankammer der
Staatlichen Schlösser und Gärten
Potsdam-Sanssouci
Teil II. Berlin

Mit einem

Staatliche Schlösser und Gärten Potsdam-Sanssouci 1989

ISBN 3-910068-00-6

Herausgegeben von der Generaldirektion
der Staatlichen Schlösser und Gärten
Potsdam-Sanssouci 1989

2. durchgesehene und verbesserte Auflage

Gestaltung: Waldemar Strempler
Satzherstellung: Druckhaus Karl-Marx-Stadt III/6/15
Druck und Verarbeitung: Druckerei „Märkische Volksstimme“
FG 041/22/88

Peter Joseph Lenné in Berlin

Der vorliegende Katalog wurde 1984 zur Ausstellung „Peter Joseph Lenné – Pläne für Berlin" erarbeitet. Nachdem bereits 1978 Lennés Pläne für Potsdam und Umgebung vorgelegt wurden, zeigte die Ausstellung 1984 seine Arbeiten für Berlin, die sich auf das Gebiet der Hauptstadt der DDR und das Territorium von Westberlin beziehen. In der Nachauflage erscheint der Katalog zum 200. Geburtstag Lennés als Band 2 des Gesamtverzeichnisses seines in der Plankammer der Staatlichen Schlösser und Gärten Potsdam-Sanssouci bewahrten zeichnerischen Nachlasses.
1978 erleichterte der Ausstellungsort inmitten des Parkes Charlottenhof den Zugang zu den Potsdam-Plänen, denn dessen wohlerhaltene Wirklichkeit vor den Fenstern des Hofgärtnerhauses vermittelt den Eindruck ungebrochenen Kontinuums von Lennés Planung bis zur Realität unserer Tage. Intensive Gartendenkmalpflege und museale Erschließung ermöglichen hier und heute die „freie und angenehme Bewegung einer großen Volksmenge", von der Schinkel und Lenné für ihre Anlagen träumten. Weit über deren Zukunftsentwürfe hinausgehende gesellschaftliche Umwälzungen waren notwendig, um die „Teilnahme des Volkes an diesen Instituten" zu ermöglichen, während umsichtig gehandhabte Gesetze ihre Erhaltung im Originalzustand sichern. Umso schwerer war es 1984, eine Vorstellung von Lennés vielseitiger Tätigkeit im entfernten Berlin zu gewinnen. Der Katalog der weitgehend erhaltenen Potsdamer Gärten erschließt sie wie ein Reiseführer, man kann ihn zur Hand nehmen und damit die ausgewiesenen Stätten aufsuchen. In Berlin dagegen sind zu den hier veröffentlichten Plänen, mit wenigen Ausnahmen, keine Gärten mehr vorhanden, meist ist nicht einmal der Ort noch zu erkennen. Für die Benutzbarkeit des Kataloges waren daher umfangreichere Erläuterungen notwendig sowie die Beigabe überlieferter Ansichten, wenn nicht der Gärten, dann wenigstens der Örtlichkeit. Günstiger steht es bei den Berliner Arbeiten mit den Archivalien. Im Zentralarchiv der DDR, Abteilung II, Merseburg, und im Staatsarchiv Potsdam fand sich reiches Material, von dem das Wichtigste gesichtet wurde. Bedauerlicherweise hat Hinz 1937 in seiner Monographie die benutzten Akten zwar gründlich zitiert, aber nicht vollständig angegeben. So findet man bei ihm manche über den vorliegenden Katalog hinausgehende Angabe, deren Quelle nicht aufgefunden werden konnte, auch in den meisten Fällen Kriegsverlust sein wird.
Ausstellung und Katalog konnten keine vollständige Geschichte der Berliner Gärten Lennés ergeben, da sie sich auf den Bestand der Potsdamer Plankammer beschränken. Einige Pläne gelangten aus der Berliner Plankammer nach 1945 in die Plankammer der Verwaltung der Schlösser und Gärten Berlin (West), einige sind Kriegsverlust. Hinzu kommt, daß ein großer Teil der Berliner Pläne niemals Besitz der Schlösser und Gärten war, sondern zum Bestand der Bau- und Finanzdirektion Berlin gehörte. Was davon den zweiten Weltkrieg überdauerte, befindet sich heute im Landesarchiv Berlin (West). Durch diese Besitzverhältnisse und durch die Kriegsverluste fehlen im Katalog so wichtige Gärten wie Charlottenburg, Bellevue, Schönhausen und Friedrichsfelde.

Zweifellos war auch die Zahl der Privatgärten, für die Lenné Anregungen gegeben hat, größer als wir wissen.
Lenné begann in Berlin wie in Potsdam mit Modernisierungsvorschlägen für die große Gartenfläche westlich der Stadt. Hatte er in Potsdam eine Umgestaltung des friderizianischen Sanssouci vorgeschlagen, wandte er sich in Berlin dem Tiergarten zu. In beiden Fällen erstrebte er, die Anlagen an einer langgestreckten Achse in einen Ort erlebnisreicher Spaziergänge und anregenden Aufenthaltes zu verwandeln.
Für den Tiergarten tauchte damals schon die Idee des Volksparkes auf, einer „neuen Welt" außerhalb der ständisch geordneten Stadt, wo alle Schichten der Bevölkerung sich als gleiche Glieder einer freien Gemeinschaft begegnen sollten. Nicht an arkadischen Müßiggang war dabei gedacht, nicht an bukolische Scheintätigkeiten, sondern an die feiertägliche Erhebung aus dem Alltagsgetriebe, das Zusammensein in Freundes- und Familienkreisen, Unterhaltung und Erbauung – der Garten als „moralische Anstalt" für eine Gesellschaft, die sich technischen, ökonomischen und sozialen Neuerungen ungeahnten Ausmaßes gegenübersah. Über einen Planungs- und Ausführungszeitraum von dreißig Jahren hat Lenné diese Idee im Berliner Tiergarten durchgesetzt, und ihre Grundstruktur bewährt sich noch immer.
Während der gleichen Zeit aber hörte der Tiergarten auf, vor der Stadt zu liegen. Berlin begann seine Entwicklung zur Millionenstadt, die den Gartengestalter Lenné in den Wirbel der Stadtplanung hineinzog, in Auseinandersetzungen um Ordnungsprinzipien angesichts anarchischen Wachstums. Seine Partnerschaft mit Karl Friedrich Schinkel hatte sich auch auf stadtplanerische Aufgaben ausgedehnt. Er übernahm Schinkels Erfahrungen und Gedanken, mußte während dessen Krankheit an seine Stelle treten und ihn nach seinem Tod ersetzen. Die Kämpfe um einen geordneten Stadtorganismus beanspruchten dann auch den größten Teil seiner Berlin zugewendeten Kraft.
Lenné könnte der eigentliche Planer des modernen Berlin genannt werden. Sein im April 1840 dem Ministerium des Innern eingereichtes Projekt „Schmuck- u. Grenzzüge v. Berlin mit nächster Umgegend" hätte zum Ausgangspunkt aller Berliner Stadtplanung werden sollen. Dieses Projekt sah einen halbkreisförmig geführten Boulevard vor, mit dem Lenné die Ausdehnung nach Norden und Osten festlegte. Als südliche Grünbegrenzung dachte er damals an den Landwehrgraben, der zum Schiffahrtsweg ausgebaut werden sollte. Für das dazwischenliegende Köpenicker Feld schlug er eine Parzellierung und Erschließung durch den Luisenstädtischen Kanal als Verbindung zwischen Landwehrgraben und Spree vor. Man erkennt sein Bestreben, einen ökonomischen und ästhetischen Bedürfnissen gleichermaßen genügenden Übergang der Stadt zur umliegenden Landschaft zu sichern, durch Verkehrsführung dem Wachstum der Stadt bestimmte Richtungen anzuweisen und durch Grünzüge innerhalb der entstehenden Wohn- und Arbeitsquartiere Erholungsräume zu schaffen.
„Überall war es bei vorliegendem Projekt mein Bemühen, die Verteilung des gegebenen Raumes so zu leiten, daß neben dem Nutzen, welcher der Gemeine aus den neuen Anlagen geschafft werden soll, auch dem Vergnügen der Einwohner sein Recht widerfahre. Denn je weiter ein Volk in seiner Kultur und in seinem Wohlstande fortschreitet,

desto mannigfaltiger werden auch seine sinnlichen und geistigen Bedürfnisse. Dahin gehören dann auch die öffentlichen Spazierwege, deren Anlage und Vervielfältigung in einer großen Stadt nicht allein des Vergnügens wegen, sondern auch aus Rücksicht auf die Gesundheit dringend empfohlen werden muß.
Wie sehr Berlin Mangel daran leidet, ist bekannt. Außer der Promenade Unter den Linden und außer dem Tiergarten besitzt die Hauptstadt keinen öffentlichen Spaziergang, wo der fleißige Handwerker, der tätige Fabrikarbeiter nach überstandenem Tagewerk sich abends und sonntags ergehen könnte. Dieser Mangel zeigt sich im ganzen nördlichen und südlichen Teil, also gerade in denjenigen Gegenden unserer Stadt, welche der Hauptsitz der Gewerbe treibenden Klasse sind, die nach vollbrachtem Tagewerk weder Zeit haben noch aufgelegt sein mögen, den Spaziergang nach dem fernliegenden Tiergarten einzuschlagen. – Mit dem oben angedeuteten Kreise wird der Grenzzug der Residenz Berlin vollendet, und wie sie schon jetzt in architektonischer Beziehung den ersten Rang unter Europas Hauptstädten einnimmt, so wird sie dereinst auch in Rücksicht auf landschaftlichen Schmuck, Großartigkeit und Mannigfaltigkeit der zur Gesundheit seiner Bewohner und zum öffentlichen Vergnügen bestimmten genußreichen Einrichtungen und Anlagen nicht ihresgleichen haben." (1)
Anläßlich der Hundertjahrfeier der Thronbesteigung Friedrich II. beschloß der Berliner Magistrat am 20. Mai 1840 u. a. die Anlage eines „Erholungsplatzes ... unter dem Namen Friedrichshain" nach dem Vorschlag von Peter Joseph Lenné. Der nach Verzögerung beim Geländeerwerb ab 1846 durch Lennés Schüler Gustav Meyer angelegte Friedrichshain hat auf Beschluß des Bürgerkomitees von 1848 an seinem Südrand der Beisetzung von 183 Opfern des 18. März gedient und erschien bei der Enthüllung von Christian Daniel Rauchs Friedrichsdenkmal Unter den Linden wie dessen mahnendes Gegenbild. „Mit Allerhöchster Genehmigung" ließ ein Chronist die Beunruhigung der Herrschenden erkennen: „Das Gerücht von einer Demonstration der Gewerbetreibenden und Arbeiter nach dem Friedrichshaine erwies sich als eine leere Befürchtung, welche wahrscheinlich von böswilligen Menschen erfunden war". (2) In ähnlicher Antithese stand Adolph Menzels „Aufbahrung der Märzgefallenen" von 1848 zu Franz Krügers 1844 vollendeter „Huldigung Friedrich Wilhelm IV." Aber Lennés Vorschlag für die Friedrichehrung als „genußreiche Einrichtung" vor allem für „fleißige Handwerker" und „tätige Fabrikarbeiter" war entstanden, bevor sich die Ultramontanen Christian Daniel Rauchs einem König gewidmetes Denkmal, der „die widerstrebenden Elemente der Herrschaft und der Freiheit mit einander zu versöhnen gewußt" (3), zu eigen machen konnten.
Für die Verkehrserschließungen gab Lenné offensichtlich den traditionellen Wasserwegen zwischen Havel und Spree den Vorzug und suchte sie in die Stadt zu ziehen. Er maß ihnen als Anreiz für Industrieansiedlungen und zur Abwicklung des zunehmenden Handels größere Bedeutung bei als den Landstraßen und wurde mit dem durch die Entwicklung von Eisenindustrie, Maschinenbau und Einsatz der Dampfkraft forcierten Ausbau des Eisenbahnnetzes erst konfrontiert, als inzwischen in die Stadt geführte

Bahnlinien die Realisierung seiner Pläne zu stören begannen. Das noch 1840 zwischen Lenné und Schinkel diskutierte Projekt für den Aufbau der Stadtgestalt nördlich des Brandenburger Tores fiel dem Hamburger Bahnhof und seinen ausgedehnten Eisenbahnanlagen zum Opfer. Lenné konnte auch mit der Formgebung des Humboldthafens nicht verhindern, daß hier die Stadt von Verkehrs- und Lagerflächen im Kern auseinandergerissen wurde. Leider erhielt er danach keine Möglichkeit mehr, seine Gedanken zur Einordnung der Bahnanlagen in den Stadtorganismus durchzusetzen, obwohl Lenné gerade auf diesem Feld noch einmal seine schöpferische Phantasie und planerische Vielfalt unter Beweis stellte. Er wollte die zwischen Landwehrkanal und Kreuzberg ungegliedert wuchernde Stadt von der Hasenheide bis nach Charlottenburg mit einem zusammenhängenden Grünraum durchziehen, gebildet aus von Schmuckplätzen unterbrochenen Boulevards. Dieser Plan erscheint wie eine Paraphrase auf die historisch gewachsene steinerne Straßenachse zwischen Frankfurter und Brandenburger Tor nördlich der Spree. Lennés gestalterische Mittel in diesem Grünzug nahmen die Intentionen der Gartenstadt-Bewegung vorweg; er verfolgte aber darüber hinaus das ideelle Vorhaben eines Ehren- und Gedächtnisweges der Freiheitskriege. Der als Mittelpunkt des Ganzen ausersehene Wahlstatt-Platz geriet jedoch mitten zwischen die Streckenführungen und Güterumschlagplätze der Potsdamer und Anhalter Bahn, die hier von Süden in die Stadt vorstießen. Lenné reagierte auf die unabänderliche Situation mit der Teilung des Wahlstatt-Platzes in eine östliche und eine westliche Hälfte, zwischen denen auf tieferem Niveau parallel zu den Bahnlinien Wirtschaftsstraßen und Hafenbecken vorgesehen waren. Der durchlaufende Straßenzug sollte an dieser Stelle bei Wahrung der Sichtachse unterbrochen und durch rampenartig geführte Zubringerwege mit dem von Alleen umgebenen Verkehrsknoten verbunden werden. Von beiden Seiten des Platzes hätte sich wie von einer Aussichtsplattform der Anblick des pulsierenden Warenaustausches zwischen Schiene, Straße und Kanal, das Erlebnis von rauchenden und pfeifenden Lokomotiven, wehenden Segeln und den mannigfaltigsten Fuhrwerken ergeben. Lenné erbrachte damit den Beweis, daß auch für die neuen, technisch bedingten Anlagen der Stadtentwicklung ästhetische Lösungen zu finden waren.

Peter Joseph Lenné war auf die Aufgaben in Berlin, die weit über die für sein Amt übliche Garten- und Landschaftsgestaltung hinausgingen, durch Ausbildung und Gesinnung wohl vorbereitet. Seine Jugend in der freiheitlichen Atmosphäre des von der französischen Revolution geprägten Rheinlandes hatte ihn auf die Gesellschaftsutopien der Revolutions-Architekten und der ihnen folgenden Landschaftsplaner gelenkt, bei denen Lenné, vermittelt durch die Frankreichbeziehungen seines Vaters, von April 1811 bis zum Sommer 1812 in Paris ergänzende Studien absolvierte. Er war hier Pensionär und Schüler des Botanik-Professors André Thouin, Verwalter des Museum für Naturgeschichte am Jardin des Plantes und bekam durch ihn Kontakt zu dessen jüngerem Bruder, dem Gartengestalter Gabriel Thouin, der in dieser Zeit an Plänen arbeitete, die barocken Parkanlagen und Schlösser von Versailles in eine Ideallandschaft mit

Wohn- und Produktionsstätten, Landwirtschaft, Forsten und Gärten einzubeziehen, um ein Musterbild künftigen menschlichen Gemeinwesens zu prägen. Der Vergleich von Arbeiten des jungen Lenné, darunter die ersten Tiergartenprojekte von 1818, mit Gabriel Thouins 1820 erschienenem Werk „Plans raisonnés de toutes les èspeces de jardins“ zeigt, daß er in die Vorbereitung dieser Sammlung Einblick hatte. Noch die bohnenförmige Halbinsel des ersten Projekts für einen Zoologischen Garten (1834) ist mit ihren Wegeschleifen und den an deren Scheitelpunkten angeordneten Bauten (den Eingangstoren) deutlich von Thouins „Jardins d'agrement“ abhängig.
Außerdem besuchte Lenné an der Ècole polytechnique „einen cursus der Architectur unter Durand“, erhielt also aus erster Hand Unterweisung in der normativen Entwurfsmethode, die Jean-Nicholas-Louis Durand in seinen „leçons d'architecture“ vermittelte. So hat er den Paris-Aufenthalt genutzt, seine gründliche gärtnerische Ausbildung nicht allein um ein botanisches Studium zu erweitern, sondern auf die Aufnahme von Erfahrungen der Gebiets- und Landesplanung und die Übung in architektonisch bestimmter Flächen- und Raumordnung auszudehnen. Unmittelbar an den Studienaufenthalt in Paris schloß sich eine Hospitation bei Friedrich Ludwig von Sckell in München an, dessen Einfluß auf den jungen Lenné unverkennbar ist (4). Sckell war aber seit 1808 gemeinsam mit Karl von Fischer auch an Projekten zur Stadterweiterung tätig (5). Seine Vorschläge für die Maxvorstadt sahen ein weitläufiges Straßenraster vor, das die Bebauung in geschlossenen Gartenflächen ermöglichte. 1812 war das Gesicht des Karolinenplatzes bereits zu erkennen, mit dem die vorhandenen Straßen zur Innenstadt und nach Nymphenburg in das neue Quartier einbezogen wurden; er war umgeben von Gebäuden in parkähnlich gestalteten Grundstücken, die vor den Häusern bis zum Platzrund reichten. Lenné konnte am praktischen Beispiel das geplante Zusammenwachsen von geordneter Landschaft und Architektur bei der Vergrößerung der Stadt beobachten (6).
Er verfügte damit über Fähigkeiten, die nach seiner Berufung an die preußische Garten-Intendantur zu Begegnung und gemeinsamen Aufgaben mit Karl Friedrich Schinkel führten. Im gegenseitigen Ansporn entwickelten Gartengestalter und Architekt ein ganzes System, durch Bauwerke das Gefüge der Umwelt zu bestimmen und gleichzeitig „Elemente der Natur“ in die Gebäude einzubeziehen. Dieses System läßt in regulären wie in offenen Planungen ein verbindliches Raster erkennen. Schinkels mittelbarer Bezug auf die aus Publikationen empfangenen Grundmuster Durands traf darin, aber auch in bevorzugten Motiven (Hippodrom und Exedra) auf Lennés unmittelbare Kenntnis. Es ergab sich eine einmalige Partnerschaft, die nur mit den glanzvollen Jahren des Zusammenwirkens von Humphry Repton und John Nash verglichen werden kann. Schinkel und Lenné fanden sich in dem philosophischen Programm der „Verschoenerung“ von Natur und Gesellschaft, das die Umsetzung der Natur-, Moral und Staatstheorien der großen Denker ihrer Zeit in Landschafts- und Siedlungsmodellen anstrebte. Beider Arbeitsweise war sehr intensiv. Sie nutzten auch Freizeit und Ge-

selligkeit, ihre Ideen zu vervollkommnen. Aus den seltenen Überlieferungen ihrer dienstlichen und privaten Kontakte läßt sich auf einen ununterbrochenen Dialog sowohl über aktuelle als auch über fernerliegende gemeinsame Vorhaben und auf Meinungsaustausch auch jeweils über die Aufträge des anderen schließen. Von diesen Vorgängen schweigen die Akten; sie erhellen sich für die Nachwelt nur aus einer spürbaren gegenseitigen Beeinflussung und gelegentlichem „Etappenwechsel" von einem zum anderen.

Das in königlichen und prinzlichen Gärten vor der Stadt erprobte Zusammenspiel setzten sie bei der Umgestaltung der Berliner Stadtmitte fort. Aus Lennés Anteil an der Neubewertung des Lustgartens nach Schinkels Museumsbau, der erstrebten Lösung des Schlosses aus seiner barocken Dominanz durch den diagonalen Bezug von Museum und Bauschule in einer Architekturlandschaft am Kupfergraben, entstanden die Projekte zur Anordnung von Einkaufspassagen auf der Schloßfreiheit. Schinkel hatte seit seinem Vorschlag zur Neugestaltung des Stadtkerns von 1817 den Gedanken an ein Kaufhaus in der Innenstadt nicht aufgegeben. Unter Berufung auf Pariser und Londoner Erfahrungen hatte er erneut 1831/32 den Bau eines „schönen Kaufhauses" auf der Schleusenbrücke anstelle der Mühlen des Friedrichswerders betrieben, als er seinen Plan für die Umgebung der künftigen Bauschule vorlegte. Lenné hielt das Interesse des Königs an dieser Vorstellung wach und ist zwanzig Jahre später bei der Planung des Schinkelplatzes darauf zurückgekommen.

Auch in Lennés Plänen für die Außenbezirke der Stadt wirkten seine langjährigen Beziehungen zu Schinkel nach. Wie sich Schinkel 1817 bei seinem Vorschlag für die Gestaltung des königlichen Gartens gegenüber der Neuen Wache von Lenné hatte anregen lassen, nahm Lenné dessen auf größere Zusammenhänge städtebaulicher Räume abzielende Planung aus dem gleichen Jahr auf: „durch diesen Plan sollten eine Menge nicht mehr zu ertragender Kreuz- und Quergriffe und zerstreute einzelne Bestimmungen über die Formen der Stadt vertilgt werden" (7).

Schinkel entwarf das Bild einer neugeordneten, neugestalteten Stadt, einer organisch gegliederten und harmonisch durchbildeten Stadtlandschaft; er wollte die einzelnen Bezirke der Innenstadt miteinander verbinden, die Friedrichstadt, das Friedrichswerder, die Gebiete des alten Cölln und des alten Berlin mit einer von West nach Ost durchgehenden Verkehrsader verbinden, die Wasserwege regulieren und die Hafenanlagen ausbauen (8). Schinkel hat bis zu seinem Tode auf einen geschlossenen Stadtorganismus hingewirkt und war bemüht, auch das ungeplante Wuchern der Wohn- und Arbeitsstätten vor den Toren durch markante Bauten in eine geordnete dreidimensionale Gestalt zu bringen. Bewunderer und Kritiker haben angemerkt, daß hinter derartigen Projekten immer die Visionen des Landschaftsmalers erschienen und Schinkels soziale Reformvorstellungen nicht sogleich zu erkennen gaben.

Lenné war dagegen bereits mit der unaufhaltsamen Expansion der Stadt konfrontiert, vor allem mit dem Höhenwachstum von Fabrikgebäuden und Wohnzellen, „ungeheuern Baumassen ... für's nackteste Bedürfnis", wie sie Schinkel in Manchester beunruhigt hatten. Er mußte dieser Entwicklung seine hoffnungsvolle Erwartung entgegen-

setzen, durch Verbesserung der Umwelt die berechtigten Wünsche und Ansprüche der Menschen erfüllen zu können; und es bedurfte seiner ganzen visionären Vorausschau, durch festzulegende Ausdehnungstendenzen und Verkehrsströme und Akzentuierung der für die Bebauung vorzuschlagenden Flächen Natur und Architektur aufeinander abzustimmen, die stadträumliche Einheit zu wahren und die sozialen Funktionen der Stadt zu gewährleisten.
Lenné entwarf in Berlin auch zahlreiche private Gärten für Angehörige des Königshauses und für einige Künstler, Wissenschaftler und Staatsbeamte, mit denen er dienstlich verbunden war. Die vor der Stadt gelegenen Gärten waren in der Mehrzahl Gemeinschaftsarbeiten mit Schinkel, der die Bauten entwarf. Auch bei den ersten Anlagen in der Stadt, in der Stadtmitte und am Rande des Tiergartens stammten die Häuser oft noch von Schinkel selbst. Hinter Schinkels Singakademie war 1831 ein Garten für den gemeinsamen Bekannten August Ludwig Kerll entstanden. Er wurde bei den Vorarbeiten für unseren Katalog wiederentdeckt und dürfte das letzte erhaltene Zeugnis von Lennés Tätigkeit in der Berliner Innenstadt sein.
Lennés Hausgärten stellten nicht verkleinerte Schloßparke dar, sondern strebten Fortsetzung des Wohnbereiches in den Freiraum an; besonders bemerkenswert ist der zusammenhängend gestaltete Doppelgarten Begas/Stier auf dem Karlsbade, eine Anlage, wie man sie erst Generationen später erwarten würde. Von diesen Gärten ist so gut wie nichts erhalten geblieben. Einige sind unter bemerkenswerten Umständen untergegangen.
Der einzige Garten, den Lenné für einen Angehörigen der neuen Klasse kapitalistischer Unternehmer gestaltet hat, entstand um 1850 für den Fabrikanten August Borsig. Noch vor der Gründung seines eigenen Unternehmens war Borsig 1835 Mitglied des Vereins zur Beförderung des Gartenbaus geworden, daraus kann man auf eine persönliche Neigung zur Gartenkultur schließen. Aber auch der gesellschaftliche Rang des Vereins dürfte ihn angezogen haben, denn als er neben seiner neuen Fabrik in Moabit einen eigenen Garten anlegen ließ, war das zugleich ein Ausdruck unternehmerischer Repräsentation und Darstellung der Leistungsfähigkeit seiner Eisengießereien und Maschinenfabriken. Die Treibhäuser, in denen Borsig exotische Pflanzen züchtete, waren in ästhetisch und technisch hervorragendem Eisenguß hergestellt und wurden von den Industrieabwässern erwärmt. Hier blühte 1852 die erste Victoria regia Berlins. Bezeichnend für das von Profitinteressen überlagerte Verhältnis zur eigenen Kunst ist der Umgang von August Borsigs Erben mit Villa und Garten. 1898 legten sie die Fabrik in Moabit still, weil in Tegel ein besseres Gelände gefunden war, 1900 wurden die Werkanlagen beseitigt, 1911 auch die Villa abgebrochen und das Gelände für den Mietwohnungsbau parzelliert. Von Lennés zauberhafter Gartenschöpfung mit dem Blick über den Spreebogen blieb keine Spur.
Nach dem Mißbrauch von Palais und Garten des Prinzen Albrecht als Hauptquartier der faschistischen Gestapo wurde das kriegszerstörte Palais eingeebnet. Der Garten, bei dem Lenné meisterhaft eine sommerliche Erweiterung des Hauses mit der Fernsicht nach dem Kreuzberg verbunden hatte, fiel noch Jahre später belastet vom Odium des

Ortes einer verfehlten Stadtplanung zum Opfer. Selbst wenn man hier inzwischen die Vergangenheit nicht mehr auszulöschen sucht, sondern sich ihren mahnenden Spuren stellen will – der Gang der Geschichte läßt sich nicht zurückdrehen und Lennés chef d'œuvre ist unwiederbringlich dahin.
Auch von den anderen Arbeiten Lennés in Berlin ist fast nichts erhalten. Das ist nicht erst eine Folge der schnellen und rücksichtslosen industriellen Entwicklung der Stadt, nicht nur eine Folge von Kriegszerstörungen. Von Anfang an standen dem „Außenseiter" Lenné unüberwindliche Schwierigkeiten entgegen. Deren geringste war die Eigensinnigkeit des Königs, mit der Lenné schon in dessen Kronprinzenzeit, damals noch im Zusammenwirken mit Schinkel, umzugehen gelernt hatte. Umständlicher war schon dem Ressortgeist der Regierungsämter zu begegnen. Aber gerade hier fand Lenné seine Verbündeten, Angehörige und Nachfolger der Beamtengeneration aus den Zeiten von Stein und Hardenberg, Schüler Fichtes und Hegels, die eine wohlgeordnete Staatsverwaltung für geeignet hielten, zur „Lösung der gesellschaftlichen Aufgaben, die in den unentwickelten ökonomischen Verhältnissen noch verborgen lag ..., ein neues vollkommeneres System der gesellschaftlichen Ordnung zu erfinden" (9). Noch 1835 hatte der Geheime Regierungsrat Lüdemann an Lenné geschrieben „In der Ueberzeugung daß Euer Hochwohlgeboren vielbewährter Kunstsinn auch diesem Projekte einen leitenden Gedanken zu Grunde legen kann, um in allen Beziehungen den Anforderungen der Schönheit und Zweckmäßigkeit zu entsprechen, erlaube ich mir, mit Bezug auf die früher gemachte Zusage, bei allen die Verschönerung Berlins betreffenden Angelegenheiten mir eine geneigte Mitwirkung schenken zu wollen ... In der Hoffnung der Gewährung meines Wunsches habe ich einen Plan des fraglichen Terrains anfertigen lassen und überreiche ihn mit der Bitte, auf denselben mit kunstgeübter Hand, gütigst die Andeutungen zu geben, nach welchen die Ausführung des Projects in schöner und zweckmäßiger Art erfolgen und den Beifall Sr. Majestät des Königs erhalten würde" (10).
Doch die Hegelsche Überzeugung, „daß der Mensch sich auf den Kopf, das ist auf den Gedanken stellt und die Wirklichkeit nach diesem erbaut ...," (11) scheiterte an den Realitäten der zwischen Restauration und Manchestertum zerrissenen Entwicklung. Ihnen war durch „Anforderung der Schönheit und Zweckmäßigkeit" nicht zu steuern, und die mit Lennés „kunstgeübter Hand" vorgegebene Parzellierung der Baugründe führte zu der berüchtigten Blockrandbebauung des steinernen Berlin. Gegen die Gewinnsucht von Bodenspekulanten, Terraingesellschaften und Eisenbahnunternehmen blieben dem königlichen Gartendirektor, dem die „sinnlichen und geistigen Bedürfnisse", das „öffentliche Vergnügen" ein wesentlicher Faktor für seine Planungen waren, keine Mittel.

Wenn die beiden Ausstellungen von 1978 und 1984 unter dem Titel „Arbeiten für Potsdam und Berlin" zur Feier von Lennés 200. Geburtstag wiederholt werden, mögen sie dem großen Vergessen entgegenwirken und Bewahrenswertes wieder ins Gedächtnis rufen, „daß neben dem Nutzen ... auch dem Vergnügen ... sein Recht widerfahre".

Vielleicht wird aber auch nur der eine oder andere Ausstellungsbesucher sich einen Augenblick besinnen, wenn er künftig im Durchgang von der Clara-Zetkin-Straße zur Bauhofstraße mitten in Berlin eine prächtige Kastanie wahrnimmt, die Lenné dort vor über 150 Jahren für August Ludwig Kerll gepflanzt hat.

Potsdam-Sanssouci 1984/1989 — Heinz Schönemann

Anmerkungen

(1) Peter Joseph Lenné
Erläuterungsbericht zum Projekt „Schmuck- und Grenzzüge Berlins"
Hinz, 1937, S. 184, Konzept Lenné – Nachlaß 159 I fal. 1 ff.

(2) Andreas Sommer
Gedenkbuch enthaltend die Geschichte und Beschreibung des Friedrichsdenkmals in Berlin
Berlin 1852, S. 47, 115
vgl. Katalog Friedrich II. und die Kunst
Potsdam-Sannsouci 1986, S. 61 f.

(3) Alexander von Humboldt 1840 in der Akademie der Wissenschaften
Sommer a.a.O., S. 69

(4) Hinz, 1937, S. 204

(5) Katalog Klassizismus in Bayern, Schwaben und Franken
München 1980
S. 206 Kat. Nr. 46.1 u. 46.8
S. 208 Kat. Nr. 47.1 u. 47.2

(6) Die bei der Neubearbeitung von Bd. 1 unseres Bestandskatalogs „Pläne für Potsdam und Umgebung" (Kat. Nr. 53 u. 60) gelungene Lokalisierung des Gartens Meyer lenkte den Blick auf eine Planung Lennés für den Brückenkopf der Langen Brücke am sog. Leipziger Dreieck in Potsdam, bei der Mitarbeit Schinkels und des Kronprinzen anzunehmen ist.
Sie zeigt einen Rundplatz, der dem Zusammentreffen des Alten Königsweges, der Straße nach Wittenberg (über Michendorf) und der stadteinwärts gerichteten Brücke Gestalt gibt. Mit dem Obelisk in der Platzmitte, den in Gartengrundstücken dem Platz zugewandten Häusern und vor ihnen angeordneten Schmuckbeeten ist er deutlich nach der Münchner Erinnerung gebildet.

(7) Karl Friedrich Schinkel in einem Brief an Christian Daniel Rauch
Mackowsky, Schinkel-Briefe, Berlin 1922, S. 97

(8) Vgl. Hermann G. Pundt, Schinkels Berlin, 1981 dt.
Die Bauten, Entwürfe und städtebaulichen Pläne für das Zentrum der Stadt

(9) Friedrich Engels, Die Entwicklung des Sozialismus von der Utopie zur Wissenschaft,
Berlin 1945, S. 43

(10) Lennénachlaß 15 g Vol II, fol 225

(11) Georg Friedrich Wilhelm Hegel, Philosophie der Geschichte, 1840
Vgl. Anm. 9, S. 38

Karl Friedrich Schinkel 1835
Entwurf zur Neugestaltung des Tiergartens am Brandenburger Tor

Tiergarten und Zoologischer Garten

Der vor dem Brandenburger Tor gelegene Tiergarten war schon im 18. Jahrhundert ein beliebtes Wanderziel der Berliner Bürger. Knobelsdorff hatte sich um die Verschönerung des von Sternanlagen und Alleen durchzogenen Waldgebietes bemüht. Schinkel zeichnete 1814 einen nicht erhaltenen Plan. Er teilte am 14. 1. 1815 dem Hofgärtner Steiner in Charlottenburg mit, „daß ich mit den Aufzeichnungen des von uns gemeinschaftlich an Ort und Stelle entworfenen Plans zur Verschönerung des Tiergartens fertig bin ...“. 1816 befaßte sich der gerade nach Potsdam gekommene junge Lenné mit einem Vorschlag zur Umgestaltung des Tiergartens und zeichnete 1818 einen Plan, der 1819 dem König mit Erläuterungen vorgelegt wurde. Hier mögen die Anfänge der gemeinsamen Arbeit liegen, die Schinkel und Lenné bei den verschiedensten Projekten immer wieder zusammenführte. 1835 hat Schinkel eine Zeichnung für das Gelände direkt hinter dem Brandenburger Tor vorgelegt. Dazu gehört eine Ansicht des Platzes vor dem Tor mit Blick in die große Allee. Wir wissen nicht, warum Schinkel diesen Plan zeichnete, der tief in die gärtnerischen Belange eingriff. Zweifellos tat er es mit Wissen und Zustimmung Lenné's.

Erst 1832 durfte Lenné an die Ausführung der Tiergartenpläne denken. Er fertigte dazu eine neue große Zeichnung an und lieferte dann nach und nach noch Blätter für die sieben Partien, in die die Ausführung geteilt wurde. Die Arbeiten zogen sich von 1833 bis 1840 hin. Es sind uns eine reiche Zahl von Plänen Lenné's und seiner Mitarbeiter erhalten, obwohl hier die Zahl der Pläne besonders groß ist, die nicht in der Plankammer in Potsdam aufbewahrt werden.
Der Zoologische Garten wurde 1834 von Lenné mitten im Tiergarten auf einem fast ganz von Wasser umflossenen Gelände vorgesehen. Als das nicht genehmigt worden war, blieb das Projekt ruhen, bis 1841 ein Teil der Fasanerie zum Zoo bestimmt wurde, der dann 1844 eröffnet worden ist.

1 Abb.

Tiergarten 1840

„Der Thiergarten bei Berlin im Jahre 1840.“
Plangrenzen. Spree, Brandenburger Tor, Potsdamer Tor, Potsdamer Straße, Südgrenze der Grundstücke Tiergartenstraße, Fasanerie-Gelände

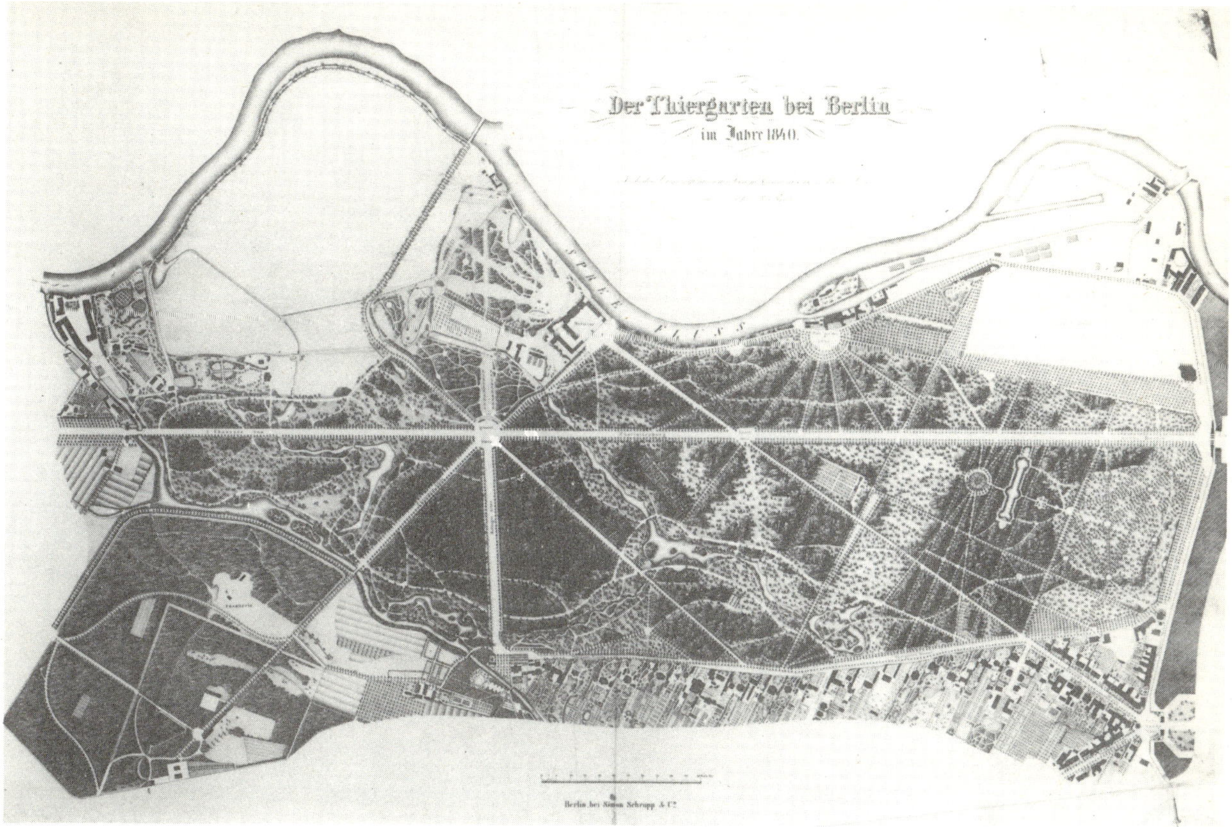

1

Signiert: „Nach den Originalplänen des Königl. Gartendirektors pp Herrn Lenné gez. u. lith. v. G. Koeber."
Beziffferter Maßstab in Ruten
Lithographie 55 × 86,4 cm

Bereits 1818 hatte Lenné einen Tiergarten-Plan vorgelegt, 1832 einen weiteren, der vom vorangehenden in Form und Inhalt wesentlich abwich. Der Plan von 1840 ist teils Zustandsplan nach den inzwischen abgeschlossenen Umgestaltungen, teils zeigt er Planungen (z. B. für die ersten Veränderungen des sogen. Elsbruches in den „Neuen See").

Mit unendlichen Schwierigkeiten begannen nach veränderten Teilplänen die Ausführungsarbeiten unter dem Lennéschüler A. Klengel im Frühjahr 1833 zwischen Charlottenburger Chaussee, Schafgraben und Fasanerie-Allee. Der zweite Abschnitt wurde durch die Hofjäger-Allee begrenzt (1834), der dritte lag nördlich der

Charlottenburger Chaussee, östlich von der Brücken-Allee, westlich vom Graefe'schen und Bankier Schickler'schen Garten begrenzt (1834). 1835 setzten die Veränderungen im vierten Abschnitt zwischen Hofjäger-Allee und Großer-Stern-Allee ein, desgleichen im anschließenden Teil bis zur Bellevue-Allee. 1836 folgten Umgestaltungen im sechsten östlichen Teil bis zum Brandenburger Tor. Der letzte Abschnitt begann 1838 nördlich der Charlottenburger Chaussee vom Spreeweg bis zur Großen Querallee und am Dreieck zwischen Bellevue-Allee und Großer Querallee.

Planslg. Nr. 3594

2 Abb.

Tiergarten 1832 (Klappe von 1834)

„Verschönerungs-Plan vom Königl. Thiergarten bei Berlin."
Plangrenzen: Spreeufer, Brandenburger Tor, Tiergartenstraße, Fasanериegelände
Sign.: „Sanssouci d. 31[t] October 1832 L" Eigenhändig Feder in grau und schwarz, grün, braun, rot laviert, Bleistifteinzeichnungen 58,4 × 77,5 cm

Unter Erhaltung des alten Alleesystems und Einfügung geschwungener Wege, besonders im mittleren und westlichen Teil des Tiergartens, erhält der Tiergarten einen offeneren und lichten Charakter. Große zusammenhängende Gehölzpartien mit geschwungenen Rändern wechseln mit lichten Wiesenflächen, die nur teilweise mit lockerem Baumbestand überzogen sind.

Zur Entwässerung des Tiergartens sind vorhandene Gräben und Senken in Wasserzüge, teils mit Inseln belebt, verwandelt.

Der Plan enthält in der Gegend der Rousseauinsel eine nachträgliche Einzeichnung, durch die eine von Wasserarmen umschlossene Halbinsel entsteht. Die darüber geklebte Klappe enthält dann den genau gezeichneten Entwurf: die erste Planung am Zoo (Seiler). Wie es zu dieser Idee kam, geht aus einem Brief hervor, den Lenné am 7.12. 1833 an Dr. Lichtenstein, einen der Initiatoren des Berliner Zoos, schrieb: „Mein hochgeehrter Freund! Sie haben bei unserm neulichen Zusammentreffen in der Versammlung des Gartenbauvereins eine Idee angeregt, welche mich auf das lebhafteste interessiert, nämlich die Einrichtung einer Menagerie im Tiergarten nach Art derjenigen welche im Regent's-Park in London auf so eklatante Weise zustande gekommen ist; ich habe nicht gesäumt, meinen Verschönerungsplan des Tiergartens hieraus einzurichten und glaube, Raum und Örtlichkeit auf die entsprechende Weise dazu ermittelt zu haben ..." Der Plan wurde nicht genehmigt, weil in der Gegend das Denkmal Friedrich Wilhelms III. errichtet werden sollte. Auch das Fasanериegelände wird in die Planung einbezogen und in seiner Gestaltung wie der Tiergarten behandelt. Schwere Gehölzgruppen wechseln mit offenen Flächen. Die teichartigen vorhandenen Gräben erweitern sich zu geschwungenen Wasserzügen.

Der Plan ist eine Vorskizze zu der Reinzeichnung von 1832 im Bestand der Verwaltung der Staatlichen Schlösser und Gärten Berlin-West. Die Einzeichnung hingegen in der Gegend der Rousseauinsel und die daraus entstandene aufgeklebte Klappe ist eine Vorarbeit für den Verschönerungsplan des Tiergartens von 1834, ebenfalls in Berlin (West).

Planslg. Nr. 7382

3

Tiergarten. Partie Nr. 1. 1833

„Parthie No 1"
Plangrenzen: Charlottenburger Chaussee, Fasanenallee, Landwehrgraben
Zeichner: Koschny
Bezifferter Maßstab in Zoll
Feder in braun, braun laviert, Bleistift. Auf Leinen aufgezogen mit grünem Seidenband eingefaßt
49 × 67,3 cm

Der Landwehrgraben wird in den tiefer liegenden Teilen des Elsbruches seeartig erweitert und von zwei Inseln belebt. Der parallel zur Charlottenburger Chaussee laufende Graben dehnt sich flußartig, im nord-südlichen Teil mit zahlreichen Ausbuchtungen, ohne unmittelbare Verbindung zum Landwehrgraben zu haben. Neben mehreren waldartigen Teilen überziehen dichthainartig gestellte Bäume die übrigen Flächen. Nur nordöstlich der beiden Inseln reicht eine Wiesenfläche

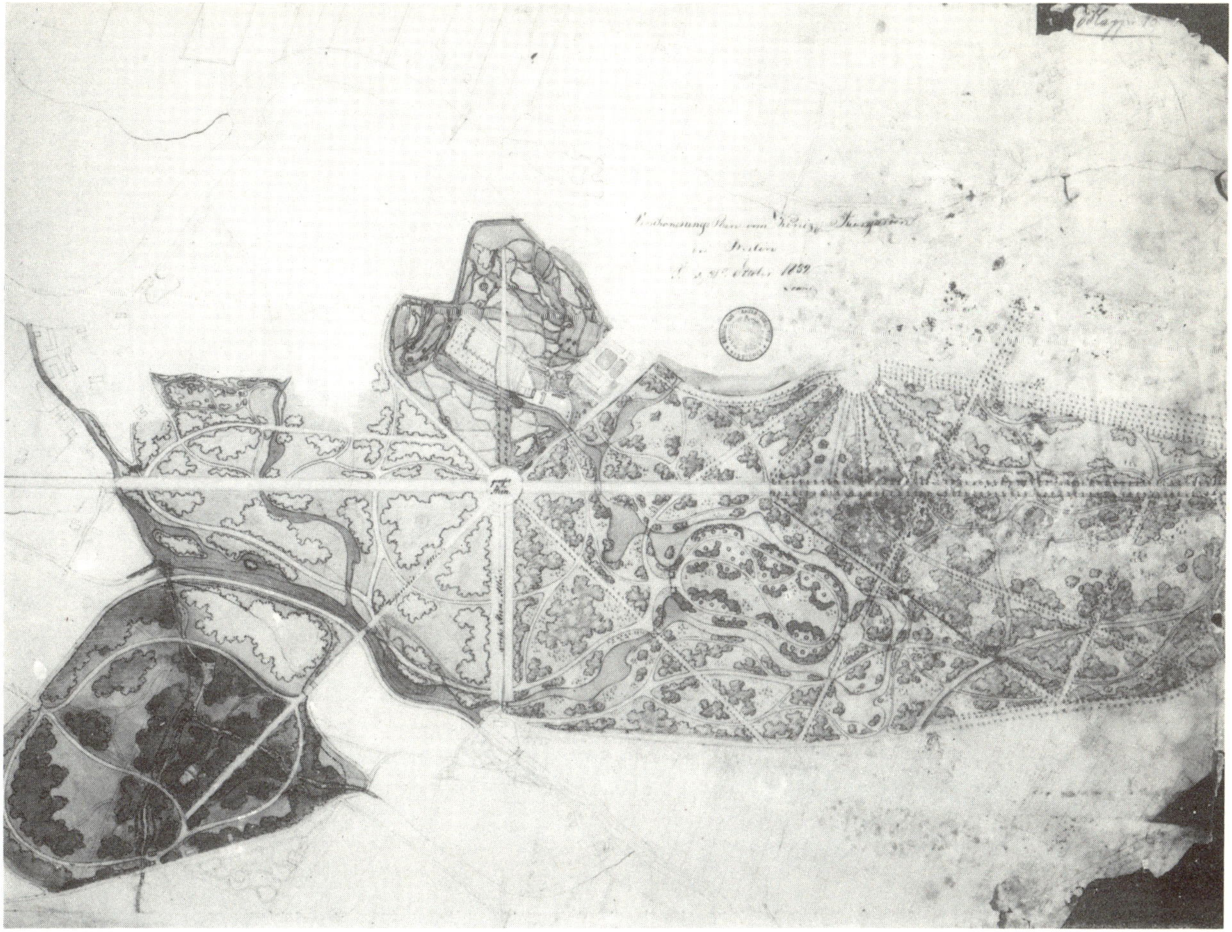

2

J. H. Stürmer um 1835 · Im Tiergarten. Partie Nr. 1 nach Westen gesehen

bis an das buchtenreiche Gewässer, das in dieser Perspektive größer wirkt als es ist.
Ein breiter Weg – der sog. Große Weg – erschließt das Ufer, zur Wasserseite hin meist nur durchsichtig von einzelnen Bäumen begleitet. Erhöhungen seitlich des Weges ermöglichen einen Überblick über die bruchartige Landschaft.
Der Plan enthält noch die von Gewässern fast umschlossene Partie, die Lenné für den Zoologischen Garten vorgeschlagen hatte. Bei der Ausführung wurde auf den nördlichen Wasserlauf verzichtet, wodurch die halbinselartige Wirkung entfiel.

Planslg. Nr. 3605

4
Tiergarten. Partie Nr. 1. 1833

„Plan des zwischen der Chaussée, dem Landwehrgraben und der Fasanen-Allée belegenen Theils vom Tiergarten."
Plangrenzen: Wie 3605
Zeichner: Koschny
Beziffterter Maßstab in Ruten, Wasserzeichen von 1828
Feder in schwarz und grau, laviert in grün, grau, blaßbraun, blau
40,8 × 62 cm

Reinzeichnung des vorangegangenen Plans mit geringfügigen Änderungen. Es entfällt ein Querweg mit Brücke über den nördlichen Graben, auch sind die Wege vielfach eleganter geschwungen als in der Vorlage. Verzichtet wurde auf Querwege, die zu den Hauptwegen führen sowie auf den erhöhten Sitzplatz westlich des buchtenreichen Grabens in der großen Wiese.

Planslg. Nr. 3603

5
Tiergarten. Partie Nr. 2. 1834

Situations Plan zur Verschönerung eines Theils im Thiergarten, begrenzt vom Landwehrgraben, der Hofjäger und Fasanerie Allee 1834".
Plangrenzen: Großer Stern, Hofjägerallee, Hofjäger-Etablissement, Landwehrgraben, Fasanenallee
Zeichner: Koschny
Bezifferter Maßstab in Ruten
Feder in grau und schwarz, Bleistift, laviert in grün, grau, braun, hellbraun, rosa 53,2 × 35,9 cm

Der nördliche Teil dieser dreieckigen Fläche ist im Gegensatz zum südlichen waldartig dicht, nur von kleinen Wiesenflächen aufgelockert. Querwege, die beide Alleen verbinden, ziehen sich durch diese Freiräume. Eine langgestreckte, aus einer sumpfigen Partie entstandene, buchtenreiche Wasserfläche verbindet sich an zwei Stellen mit dem Landwehrgraben. Zwei eiserne Brücken aus dem Charlottenburger Park sollen zwischen beiden Wasserflächen die Wegeführung gewährleisten, die weite Blicke über Wasser und Park ermöglicht.

Planslg. Nr. 3602

6
Tiergarten. Partie Nr. 2. 1834

„Parthie No 2"
Plangrenzen: Hofjägerallee, Landwehrgraben, Fasanerieallee
Zeichner: Koschny
Bezifferter Maßstab ohne Angabe der Maßeinheit
Feder in braun und grün, braun laviert. Bleistift. Auf Leinen aufgezogen, mit grünem Seidenband eingefaßt
48,8 × 50,5 cm

Das sumpfige Gebiet südlich des Großen Weges wird in einen seeartigen Wasserlauf verwandelt, der unter zwei Brücken an den Enden der langgestreckten Insel Verbindung mit dem Landwehrgraben hat. Den dichten waldartigen Teilen folgen lockere, dann – besonders zum Wasser hin – hainartige Pflanzungen. Erwähnenswert ist die häufige Verwendung von Bäumen vom Typ der Trauerweiden. Der Große Weg nimmt weniger Bezug auf den Wasserlauf, sondern setzt vielmehr den ausgeglichenen Schwung des bisherigen, vom Westen kommenden Verlaufs fort.

Planslg. Nr. 3606

7
Tiergarten. Partie Nr. 1–3. Wohl 1835

Plangrenzen: Nördlicher Teil des Tiergartens zwischen den Charlottenburger Torhäusern und der Brückenallee, Hofjägerallee, Landwehrgraben
Lithographie 33 × 22,2 cm

Übersicht über die ersten drei Teilabschnitte der Tiergarten-Umgestaltung: 1. Abschnitt zwischen den Charlottenburger Chausseehäusern und der Fasanerieallee

1833; 2. Abschnitt zwischen Fasanerie- und Hofjägerallee 1834; 3. Abschnitt nördlich der Charlottenburger Chaussee zwischen der Brückenallee und dem Landwehrgraben im Westen 1835.

Plansig. Nr. 7423

8

Tiergarten. Partie Nr. 4. und 5. 1835

„Plan zu dem zwischen der Charlottenburger Chaussée, Thiergartenstraße, Hofjäger und Bellevue Allée belegenen Theil des Königl. Thiergartens bei Berlin."
Plangrenzen: Großer Stern, Charlottenburger Chaussee, Bellevueallee, Tiergartenstraße, Hofjägerallee
Sign.: „Gez. G. Koeber. 35."
Beziffeter Maßstab in Ruten. Wasserzeichen von 1832
Feder in grau, laviert in grün und braun 40 × 53,5 cm

Die sehr dichte Bepflanzung öffnet sich meist nur entlang der Wege zu lichten Hainen. In das bereits vorhandene Wegesystem soll unter teilweiser Nutzung einer alten Allee ein Reitweg von der Hofjägerallee zur Charlottenburger Chaussee eingefügt werden. Ein projektierter Fahrweg ermöglicht in sanften Schwingungen entlang der Gewässer, am Rande dichter Gehölzmassen, die Verbindung von der Hofjägerallee zur Tiergartenstraße.

Planslg. Nr. 7383

9

Tiergarten. Partie Nr. 5. 1839

Plangrenzen: Chaussee nach Charlottenburg, Kleine Sternallee, Teich mit Rousseau-Insel und nach Nordwesten führender Wasserlauf
Zeichner: Koeber
Beziffeter Maßstab in Ruten
Feder in grau, laviert in grün und braun, auch blau; Bleistiftnotizen 37,9 × 44,6 cm

Die Fläche im Winkel zwischen der Chaussee nach Charlottenburg und der Kleinen Sternallee ist ganz lokker bewaldet. Als Quersicht schließt sich eine hainartig bepflanzte Wiesenfläche an, die von der lichten Anpflanzung der „Symmetrischen Anlage" begrenzt wird. Ihr folgt in leichtem Schwung der Große Weg, weich zwischen einem Hain hingleitend, der bis zum Abfluß des Sees mit der Rousseau-Insel reicht. Die „Symmetrische Anlage", der spätere Rosengarten, ist auf besonderen Wunsch des Kronprinzen Friedrich Wilhelm (IV.) als langgestreckter Freiraum entworfen und ausgeführt worden. In sieben, in den schmaleren Teilen in fünf Reihen gepflanzte Gehölze füllen den großen mit Hecken eingefaßten Freiraum, der an antike Haine bei Plinius erinnert. Exedra-ähnliche Ausbuchtungen fangen die Längsachse auf, während an den Querachsen kleinere Freiräume, teils mit Plastiken besetzt, liegen, deren Grundriß vom Kreis – zum Halbkreis – bis zum Vierpaß und Rechteck reicht. Vielfältige Schmuckbeete bereichern Nebenräume bzw. Ränder der Anlage.

Planslg. Nr. 3611

10

Tiergarten. Partie Nr. 5. 1839

Plangrenzen: Wie 3611
Zeichner: Koeber
Beziffeter Maßstab in Ruten. Wasserzeichen von 1837
Feder in grau, grün und grau laviert 37,7 × 59,2 cm
Erneute Reinzeichnung des vorangegangenen Planes
Planslg. Nr. 7384

11

Tiergarten. Partie Nr. 6. 1836

Plangrenzen: Exerzierplatz, Brandenburger Tor, Tiergartenstraße, Große Querallee
Signiert: „Koschny gez. 1836."
Beziffeter Maßstab in Ruten
Feder in schwarz und braun, laviert in grün mit braun und gelb 40,2 × 51,6 cm

Lenné wollte in der der Stadt nahe gelegenen Partie Nr. 6 einen Teil der alten, regelmäßigen Anlage beibehalten.
Der hainartige Bestand, der vom Brandenburger Tor her wie bisher durch eine diagonale, sich dreifach teilende Allee erschlossen wird, erhält einen fast kreisförmigen Randweg. Dieser schließt sich durch Rondells an bereits vorhandene Alleen an. Der dichte waldartige Mittelteil behält seine alten Alleen, desgleichen der Florasalon. Nur das Venusbassin wird in drei sehr barockwirkungsvolle Bassins verändert. Die Partien bis zur

Großen Querallee werden wieder lichter, hainartiger, ein ganz leicht geschwungener Nord-Süd-Weg läßt den Auwaldcharakter erlebbar werden. Der gleichlaufend zur Großen Querallee sich dahinschlängelnde Wasserweg ist teils seeartig erweitert, teils grabenartig schmal. Bleistifteintragungen deuten auf vorzunehmende Veränderungen in der Führung und Form des Wasserlaufs und einzelner Wege.

Planslg. Nr. 3598

12

Tiergarten. Partie Nr. 6. 1836

„... Exercier Platz und Brandenburger Thor belegenen Theil des Königl. Thiergartens bei Berlin."
Plangrenzen: Mittlerer Teil des Tiergartens um den Kleinen Stern, Spree, Exerzierplatz, Brandenburger Tor, Potsdamer Tor, Potsdamer Straße, Tiergartenstraße
Zeichner: Koeber
Feder in grau auf Seidenpapier 49 × 53,4 cm

Der Eingang zum Tiergarten wird auf beiden Seiten von Diagonalwegen zu einem Rondell geführt, das sich im Süden zu einer kreisrunden Anlage und dann in geschwungener Form bis zur Südseite der Großen Querallee fortsetzt. Der südöstliche Teil des Tiergartens erhält durch das Achteck und die kreisrunde, durch sechs Rondells unterbrochene Anlage (in den Erläuterungen vom 23. 12. 36: „Dieser enthält in der Mitte einen großen, mit Ruhesitzen versehenen Platz und in der Peripherie sechs ähnliche kleinere Kreise zu demselben Zwecke") einen starren Charakter, der auch im üppigbarocken Sinne erweiterten Venusbassin zu finden ist. Der alte Florasalon wirkt daneben ganz bescheiden. Der westlich folgende Teil ist in Baumgruppen aufgelöst. Die im Winkel zwischen Tiergartenstraße und Großer Querallee sehr buchtenreich ausgebaute Wasserfläche mit drei Inseln soll – Bleistifteinzeichnungen deuten darauf hin – verändert werden. Nördlich der Charlottenburger Chaussee folgt dem Hain am Brandenburger Tor waldartiger Bestand. Die alten Alleen bleiben erhalten, werden aber von einem geschwungenen Querweg durchzogen.

Planslg. Nr. 3597

13

Tiergarten. Partie Nr. 6. 1836

Plangrenzen: Floraallee, Exerzierplatz, Brandenburger Tor, Bellevueallee
Signiert: „Gez. G. Koeber"
Bezifferter Maßstab in Ruten
Feder in grau, Bleistift, laviert in grün mit gelb und grau, auch rosa
54,2 × 40 cm

Nördlich der Charlottenburger Chaussee sind die bis zu einer sechsreihigen Allee liegenden Flächen mit geraden Wegen durchzogen, die von Rondells ausgehen bzw. in Verbindung mit den Wegen vom Florarondell oder Venusbecken stehen. Die Bepflanzung verteilt sich locker, jedoch ziemlich gleichmäßig. Der Zirkus liegt frei im südöstlichen Rande des Exerzierplatzes.
Die südwestlichen Teile um das Venusbecken bleiben in ihrer bisherigen Form erhalten. Die sich östlich anschließenden Partien werden neu gestaltet. Eine kreisförmige Anlage richtet sich achsial auf das Venusbecken aus. An der Peripherie des Kreises in gleichen Abständen eingezeichnete Rondelle nehmen die Verbindung zu Radialwegen oder Achsen auf. Die Restfläche zum Brandenburger Tor füllt sich mit Sternwegen, die vor einem Rondell ausgehen, das in einer Achse zur Bellevueallee liegt.
Die mit diesem Plan vorgeschlagenen Neugestaltungen sind zart hellgrün getönt und mit licht gestellten Bäumen durchsetzt, während die alten Teile waldartig dunkel sind. Bleistifteintragungen lassen weitere Absichten erkennen, die sich auch auf die Gestaltung des Eingangs zum Tiergarten am Brandenburger Tor beziehen.
Wie auch bei den beiden vorhergehenden Plänen, ist der Vorschlag von Schinkel von 1835 für den Platz vor dem Brandenburger Tor im Tiergarten im Grundriß in den Plan eingezeichnet.
Von den drei Plänen zur Partie Nr. 6 wurde keiner ausgeführt, sondern von jedem etwas übernommen. So entfiel das Rondell in seiner exakten Form und das Venusbassin erhielt einen gemäßigteren Grundriß.

Planslg. Nr. 3599

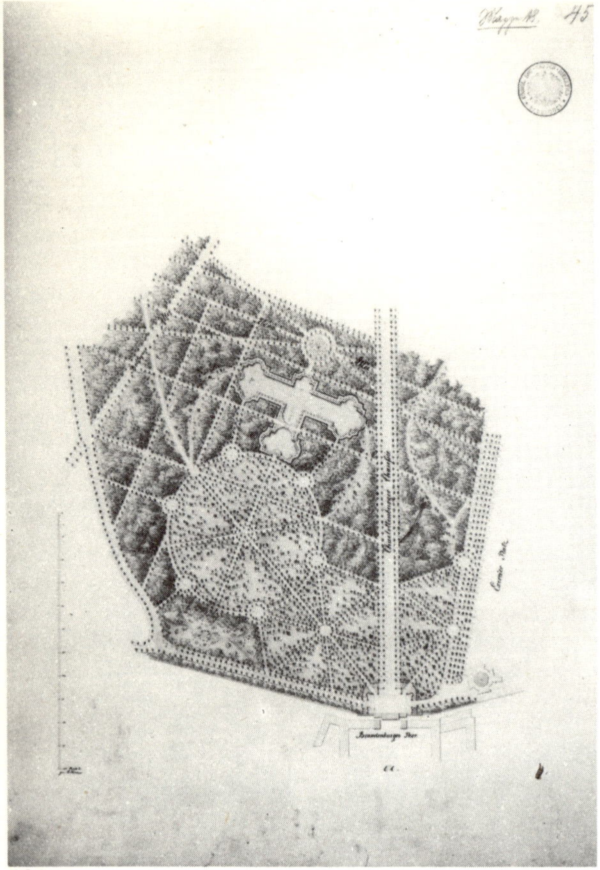

13

14

Tiergarten. Partie Nr. 6. nach 1836

„Flora-Platz."
Plangrenzen: Florasalon mit den angrenzenden nordsüdlichen Alleen
Beziffeter Maßstab in Ruten
Zeichner: Koeber
Feder in grau, laviert in grün, hellbraun, rosa. Mit schwarzem Strich umrandet 51,2 × 51,9 cm

Für die kreisrunde Fläche um die Florastatue ist ein sehr großes, teppichartiges Blumenbeet vorgesehen. Zwischen den vier Lappen des Musters sind freiwachsende Sträucher oder kleeblattförmige Beete eingeordnet.

Planslg. Nr. 3581

15

Tiergarten. Partie Nr. 1–6. 1839

„Die neuen Anlagen im Thiergarten bei Berlin so weit solche bis Ende 1838 ausgeführt waren ..."
Beziffeter Maßstab in Ruten
Lithographie 48,5 × 27,9 cm

Die bis Ende des Jahres 1838 überarbeiteten Teilabschnitte des Tiergartens sind übersichtlich dargestellt. Die nicht bearbeiteten Teile um den Kleinen Stern und die Zelte bleiben weiß ausgespart.

Planslg. Nr. 7419

16

Tiergarten. 1838

„Karte von der Königlichen Fasanerie bei Berlin."
Plangrenzen: Landwehrgraben, Fasanenallee mit vorgelagerten Flächen, Fasaneriegebäude, Alleebepflanzung zur Lützower Gemarkung
Signiert: „aufgenommen von Passow 1838."
Maßstab ohne Angabe der Maßeinheit
Lithographie, laviert in grün, gelb, braun, blau, rosa, gelb. Auf Leinen aufgezogen, mit grünem Seidenband eingefaßt 35,1 × 51,4 cm

Am südlichen Ende der Fasanenallee (ein Abschnitt davon mit Fichten bepflanzt) liegen Wohnhaus und Wirtschaftsgebäude der Fasanerie; östlich nur kleinere Wiesen und gemischte Waldbestände.
Nördlich der Gebäude breitet sich ein ausgedehntes Waldgelände aus, das von Alleen und einem geschwungenen Weg, der an der kleinen Erhöhung des „Heinrichsberges" vorüberführt, erschlossen wird. Der „Große Hopfenbruchgraben", tielweise teichartig erweitert, und der Markau'sche Graben entwässern dieses Niederungsgelände zum Landwehrgraben. Nutzgebäude (z. B. Bruthaus, Fasanenjägerhaus u. a.) liegen teils im dichten Waldbestand, teils auf höher gelegenen Wiesenflächen.

Planslg. Nr. 3607

17

Tiergarten. Um 1840

„Project zur Schiffbarmachung des Landwehrgrabens bei Berlin insoweit es die bisherige Fasanerie betrifft.“
Plangrenzen: Privatgrundstücke an der Südseite des Tiergartens, Fasaneriegelände, Chaussee nach Charlottenburg, Hofjägerallee
Signiert: „Copie“ Zeichner: Koeber
Bezifferter Maßstab in Ruten
Feder in grau, Pinsel in rot, Bleistift, laviert in grau, blau, grün, rosa, gelb 77,5 × 102 cm

Östlich der Fasanerieallee sind die einzelnen Grundstücke um das Hofjäger-Etablissement und südlich des Landwehrgrabens eingetragen, desgl. südlich des geplanten „Schiffscanals“.
Westlich der Fasanerieallee ist die Situation des „Fasanerie Geheges“ dargestellt, westlich der beiden Chaussehäuser ebenfalls die jeweiligen Grundstücke. Die Flächen zwischen dem sog. Großen Weg sowie dem „Landwehr-Graben“ und dem geplanten Schiffscanal“, das sog. Elsholz, sind in den Neuen See umgewandelt. Diese Wasserfläche mit sehr bewegten Ufern und mehreren Inseln ist an zwei Stellen mit dem geplanten Kanal verbunden. Die Wegeführung, mehrfach geändert durch Eintragungen mit Bleistift und roter Tinte, verbindet sehr geschickt den Großen Weg mit den Inselpartien und den Fasaneriewegen.

Planslg. Nr. 3612

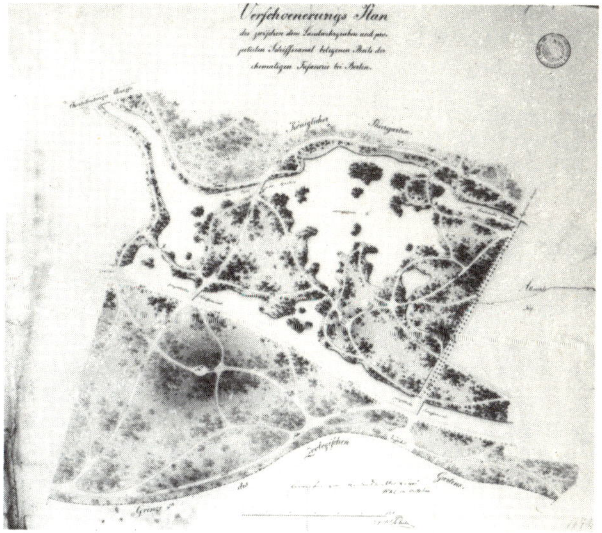

20

18

Tiergarten. Nach 1840

„Copie von einem Projecte v. Jahre 1840. (zum Thiergarten bei Berlin gehörig.)“
Plangrenzen: Chaussee von Charlottenburg nach Berlin, Hofjägerallee, ehemaliger Hofjägergarten und Fasaneriegelände
Zeichner: Koeber
Bezifferter Maßstab in Schritten
Feder in grau, laviert in grün und blau, Seidenpapier 20,9 × 30,2 cm

Das südwestliche Teilstück des Tiergartens mit den wasserreichen Partien des Neuen Sees setzt sich nach Süden mit dem von Wegen erschlossenen Fasaneriegelände fort. Dieses wird südlich von fünf Villengrundstücken begrenzt, deren Häuser zur Fasanerie hin liegen. Auch östlich der Fasanerieallee sind auf Tiergartengelände acht Villengrundstücke vorgesehen.

Planslg. Nr. 3604

19

Tiergarten. Nach 1840

„Verschönerungs Entwurf des Königl. Thiergartens bei Berlin.“
Plangrenzen: Spree, Brandenburger Tor, Tiergartenstraße, Zoologischer Garten, Landwehrgraben
Sign.: „entworfen von Lenné. gez. und lith.: v. G. Koeber.“
Bezifferter Maßstab in Ruten
Lithographie 23,2 × 31,2 cm

Die Bebauung der Tiergartenstraße wird in diesem Entwurf nach Westen fortgesetzt. Nur westlich der Fasanerieallee bleibt ein unbebautes Stück Park zwischen beiden Anlagen übrig. Der Neue See ist weit nach Süden ausgebuchtet und zieht sich in schmalen Windungen – den früheren Markauschen Graben ausnutzend – bis in den Süden des Zoogeländes.

Planslg. Nr. 7420

20
Tiergarten. 1842

„Verschoenerungs Plan des zwischen dem Landwehrgraben und projectirten Schiffscanal belegenen Theils der ehemaligen Fasanerie bei Berlin. A.“
Plangrenzen: Großer Weg des Tiergartens, Fasanerieallee, Zoologischer Garten, Teile des Fasaneriegeländes, Charlottenburger Chaussee
Signiert: „Entworfen vom Gartendirektor Lenné 1842 im October gezeichnet G. Koeber“
Bezifferter Maßstab in Dezimalruten
Feder in grau, laviert in grün bis blaugrün, grau und braun, blaßblau, rosa 55,4 × 62,2 cm

Der Landwehrgraben soll südlich des Großen Weges zu einem ausgedehnten, buchtenreichen „Neuen See“ erweitert werden. Viele Inseln beleben diese Wasserfläche, mehrere Brücken ermöglichen die Fortsetzung des Wegenetzes, auch über den projektierten Schiffskanal hinweg in das Gelände des späteren Hippodroms und des Zoologischen Gartens. Bestimmte Wege werden als Reit- oder Reit-Fahrweg ausgewiesen. Das „Schweizer Haus“ ist Kern zahlreicher Sichten, die sowohl über das Wasser als auch über lange Wiesen führen.

Planslg. Nr. 3609

21
Tiergarten 1845

„Plangrenzen: Chaussee nach Charlottenburg, Neuer See, Fasanerieallee, Gelände des Zoologischen Gartens, Rest des Fasaneriegeländes
Zeichner: Koschny
Bezifferter Maßstab in Ruten. Wasserzeichen von 1843
Feder in grau, Bleistift, laviert in grün, blau, rosa
53,3 × 72,6 cm

Der Teil des Elsbruches südlich des Großen Weges ist in den Neuen See verwandelt worden, dessen sehr bewegtes Ufer zum Schiffskanal von zwei sehr großen Inseln gebildet wird, so daß drei Brücken erforderlich werden. Die Bepflanzung ordnet sich meist auf den Inselvorsprüngen ein, infolgedessen das sehr elegant geführte Wegesystem eine wechselhafte Szenerie durchläuft. Zur Chaussee nach Charlottenburg sind waldartige Bestände angedeutet.
Südlich des Schiffskanals schließt sich ein Boulevard mit alleeartiger Bepflanzung an, der von der Fasanerieallee

H. Mützel 1849
Der Zoologische Garten (Ausschnitt)

gekreuzt wird. Diese führt zu einem Rondell mit den Eingangsgebäuden zum Zoologischen Garten, dessen Grenzen angedeutet sind. Das sich nordwestlich anschließende Gelände wird vor allem von einem breiten, von einer Insel des Neuen Sees herführenden Weg erschlossen, der bis zur Lindenallee nach Charlottenburg führt.

Planslg. Nr. 3610

22 Abb.
Tiergarten und Zoologischer Garten 1841

Plangrenzen: Großer Weg, Fasanerieallee, Zoologischer Garten, Hippodrom
Signiert: „Lenné 1841. gez.: G. Koeber.“
Bezifferter Maßstab in Dezimalruten. Wasserzeichen von 1838
Feder in grau und braun, Bleistift, laviert in grün bis blaugrün, grau, braun, rosa 56,9 × 74,2 cm

Der Neue See mit seinen Inseln und vielfältigen Uferformen hat an zwei Stellen Verbindung mit dem Schiffskanal. Zwei kleine Hügel, der östliche von einem Gebäude überhöht, ermöglichen den Blick über die wechselnden Seeufer und die im Vergleich zu vorangehenden Plänen sparsame Bepflanzung.
Westlich des Schiffskanals liegt – teilweise im ehemaligen Fasaneriegelände – der Hippodrom, von einer breiten Allee eingefaßt. Der Hippodrominnenraum wird

von einer dichten Abpflanzung gerandet, das Innere von Rasenflächen und zwei parallel verlaufenden Alleen gegliedert, deren äußere Reihe ebenso wie die dichte Abpflanzung beiderseits in der Mitte vorspringen. Während die östliche Seite des Hippodroms in das Parkgefüge der Fasanerie u. a. durch eine Reitbahn mit Hindernissen eingebunden ist, umgeben projektierte Villengrundstücke (Grundrisse siehe Planslg. 3601) die übrigen Seiten, auch südlich der Lindenallee nach Charlottenburg.
Der Zoologische Garten, hier Menagerie genannt, schließt sich südöstlich an, der Haupteingang an der Fasanerieallee. Weit geschwungene Wege, nur im Südwesten fast zu regelmäßig, führen durch die parkartigen Teile, in denen die Tierhäuser eingebettet sind. Der ursprünglich vorhandene Markausche Graben bleibt zwar erhalten, erhält jedoch eine neue Führung und wird teilweise seeartig erweitert.

Planslg. Nr. 3608

Entwurf von J. H. Strack
Der Eingang zum Zoologischen Garten um 1860

23
Tiergarten und Zoologischer Garten 1845

Plangrenzen: Charlottenburger Chaussee, Fasanerieallee, Zoologischer Garten, Hippodrom
Zeichner: Koeber
Maßstab ohne Angabe der Maßeinheit
Feder in grau, Bleistift, laviert in grün und rosa auf Seidenpapier 50,7 × 74,8 cm

Der Neue See hat nur in der Nähe der Fasanerieallee Verbindung mit dem Landwehrkanal. Nahe der Charlottenburger Chaussee erweitert sich der Landwehrkanal und umfließt eine große Insel, an deren Nordseite eine Schleuse, an der Südseite dagegen eine Brücke vorgesehen ist. Diese offensichtlich später in rot eingezeichneten Veränderungen ziehen andere Wegeführungen nach sich. Auch die Ufer und Wege am Neuen See sind in roten Linien verändert.
Der Hippodrom fügt sich mit einer Querachse an die in Verbindung zur Schleuse stehende Brücke. Eine große Reitbahn, in ziemlich weiten Abständen alleeartig bepflanzt, legt sich um die rahmende Pflanzung dieses langgestreckten Freiraumes, der als kleine Reitbahn verwendet werden soll. Östlich schließt sich dicht bepflanztes parkähnliches Gelände bis zur Fasanerieallee an.
Mit Bleistift sind Veränderungen des ursprünglich vorgesehenen Wegesystems eingetragen.
Bäume bestocken die Flächen des Zoologischen Gartens, der ehemaligen Fasanerie. Das Wegesystem, teils geschwungen, teils kurzatmig gekrümmt, erschließt nicht nur das Gelände, sondern verbindet auch die jeweiligen Tierhäuser, die meist an oder in einer platzartigen Freifläche liegen.
Auf der Rückseite des Blattes sind vier Grundstücke eingezeichnet: zwei Villengrundstücke und zwei rechteckige Flächen als Grünanlage. Es handelt sich um Vorschläge für Grundrisse der Villen, die auf Planslg. Nr. 3608 am Hippodrom vorgesehen sind. Am 31. 10. 1845 erhielt Lenné die Anweisung, daß die geplanten sechs Baustellen für Villen fortzufallen hätten, wie es dann hier auf Plan 3601 geschehen ist.

Planslg. Nr. 3601

24
Zoologischer Garten um 1845

„Zoolog. Garten"
Plangrenzen: Gelände des Zoologischen Gartens
Zeichner: Gustav Meyer
Maßstab in Ruten. Wasserzeichen von 1843
Feder in grau, laviert in blau und rosa 36,7 × 62,6 cm

Der Haupteingang des Zoologischen Gartens liegt an der Fasanerieallee. Nach Osten erschließt ein breiter Weg entlang der Grenze das Gelände. Die Gebäude für die Tiere sind teils an diesem Haupteingang, teils an Nebenwegen in dem parkartig gestalteten Gelände untergebracht.

Westlich der Fasanerieallee schließen sich bis zu einem Graben kleinteilige Flächen mit Tierhäusern an; westlich des Grabens bildet eine regelmäßige Anlage (offensichtlich Voliere) den Mittelpunkt, dem sich südlich eine ebenso regelmäßige, aber lang gestreckte Fläche anfügt.

Das Gelände ist in verkleinertem Umfang (vor allem westlich) als Zoo ausgebaut worden.

Planslg. Nr. 3596

Quellen u. Lit. zu Nr. 1–24
ZSTAM: 2.2.1 Nr. 31789 Tiergarten 1811–1840
2.2.1 Nr. 31970 Tiergarten 1841–1862
2.2.1 Nr. 31811 Tiergarten-Personal 1831–1913
Lenné-Nachl. Nr. 15 f. fol. 1–75,15 h fol. 1–106. 1842–1868
Rep. 151 C I Erhaltung u. Verschönerung des Tiergartens Nr. 2280–Nr. 2285 (1819–1851)
Meyer, Ferdinand: Der Berliner Tiergarten. Berlin 1892
Hinz, S. 139–173
Schinkel-Werk-Rave-1948, S. 32
Seiler, Michael: Peter Joseph Lennés erster Entwurf für den Berliner Zoo ... In: Bongo. Zoo Report Berlin (1978)
Jg. 135. H. 3. 1979, S. 63–74
Wendland S. 113–153, 169–174
Rave-Wirth-Bauwerke Berlin 1955
Nehring, Dorothee: Stadtparkanlagen in der ersten Hälfte des 19. Jahrhunderts. Hannover 1979
Plessen – Gartenkunst S. 148–155, 179–181
Wendland, Folgwin: Der große Tiergarten Berlin.
Manuskript Berlin 1985

Straßen am Tiergarten

25
Lennéstraße am Tiergarten 1838

Plangrenzen: Lennéstraße (ehemaliger Kanonenweg) Ecke Schulgartenstraße, Villengrundstücke an der Lennéstraße angedeutet
Zeichner: Koeber, Bleistifteinzeichnungen Lenné
Bezifferter Maßstab in Ruten. Wasserzeichen von 1837
Feder in grau, Bleistift. H: links 34,4 rechts 58 × 85,7 cm

Die Straße wird unregelmäßig von Bäumen begleitet. Nach Norden Übergang zum Baumbestand des Tiergartens, im südöstlichen Teil eine regelmäßige Hainpflanzung bis an die Grundstücksgrenzen. Lenné legte am 23.10. 1838 einen Kostenanschlag „Über die Baumpflanzungen längs ... des sogenannten Kanonenweges" vor. Laut Kabinettsorder vom 19.8. 1839 wurde die Straße Lennéstraße benannt. Lenné hatte am 1.5. 1838 an den Minister von Alvensleben geschrieben, daß er einen langgehegten Wunsch realisieren wolle: „nemlich den an dem Orte welcher jetzt und für die Folge meine Tätigkeit vorzugsweise in Anspruch nimmt – ich bin jede Woche ein Paar Tage beschäftigt – mir ein Eigentum mit einer passenden Wohnung zu erwerben ... habe nemlich eine Parzelle angekauft und beabsichtige dort ein Haus zu bauen ... Erlaube ich mir beiliegend sub A den Situationsplan des Grundstücks, sub B den vom Hochbau-Inspektor Persius entworfenen Bauriß ... zu überreichen." Lenné hat sein Haus selber im flüchtigen Grundriß in unseren Plan des Kanonenweges einskizziert und das Halbrund davor gezeichnet, um das er seinen Vorgarten zu vergrößern wünschte. Das Grundstück enthielt sonst kein Gartengelände. Am 15.6. 1838 ordnete Friedrich Wilhelm III. an, daß Lenné das Grundstück nachträglich geschenkt werden sollte und dazu 7000 Taler zur Errichtung des Hauses.

Planslg. Nr. 3592

Quellen zu Nr. 25:
ZSTAM Rep 151 I C Nr. 2280, fol 273, fol 143 ff
Rep 93 B Nr. 1659, fol 7

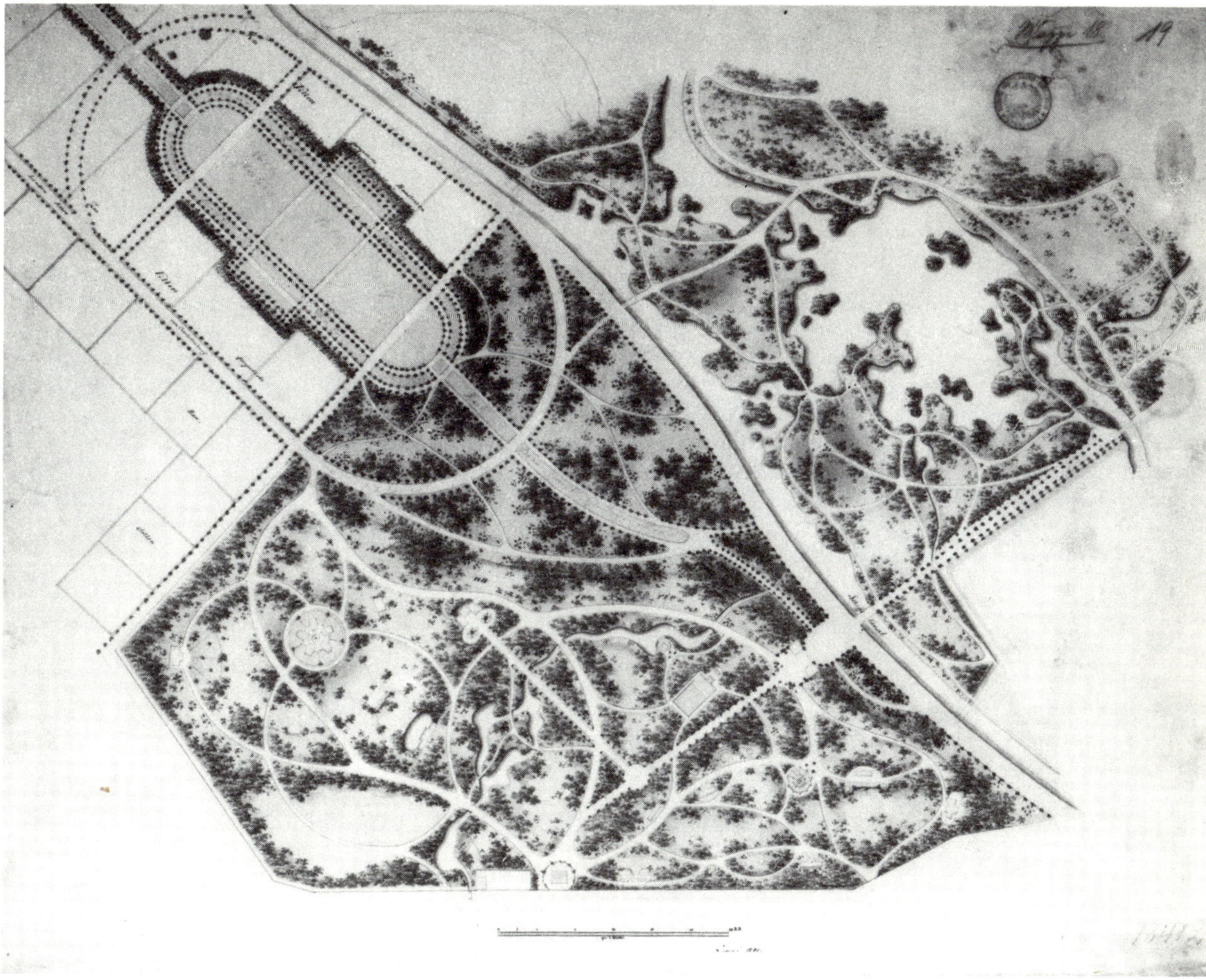

22

26
In den Zelten 1838

„Grundstück des Zimmermeister Heinrich Schellhorn im Thiergarten neben den Zelten."
Plangrenzen: Porzellangraben, Beersches Grundstück (Holzplatz der Porzellanfabrik), Straße von den Zelten nach dem Exerzierplatz, Schmagersches Grundstück
Sign.: A. G. Klengel 1838."
Beziffeter Maßstab in Fuß
Feder in grau, laviert in grün, braun, grau, rosa
49,2 × 60 cm

Der Plan zeigt eine Aufnahme des Schellhornschen Grundstücks zwischen den 1838 vorhandenen Gebäuden (Zu den Zelten 5 im Westen, 1847–1859 von Bettina von Arnim bewohnt, und dem um 1791 errichteten Beerschen Landhaus im Osten), um eine Bebauung der Grundstücke genehmigen zu lassen. Dazu war nicht zuletzt auch die Mitarbeit Lenné's im Zusammenhang mit dem Tiergartenprojekt erforderlich.

Planslg. Nr. 3601
Quellen u. Lit. zu Nr. 26:
Kuhn, Waldemar: Robert Lorenz und die Straßen in den Zelten. In: Jb. f. brandenburg. Landesgesch. 16. 1965, S. 86–96

Karl Graeb um 1860 · Die Lennéstraße

27
Brandenburgerstraße (jetzt Ebertstraße) 1844

Plangrenzen: „Brandenburger Tor, Schulgartenstraße, Lennéstraße, Tiergarten, Chaussee von Charlottenburg
Signiert: „N B. Die nachträglich angegebenen Straßenbreiten gründen sich auf Vermessung des Feldmesser Lanz"
Zeichner: Koeber
Beziffeter Maßstab in Ruten. Wasserzeichen von 1842
Feder in grau, laviert in grün und rosa 43,2 × 55,2 cm

Gleichlaufend zur Mauer am Brandenburger Tor wird zwischen einer fünfreihigen Straßenbepflanzung die Nutzung als chaussierte Fahrbahn, zwei Reitwegen und einem Fußweg vorgesehen. Die Baumbepflanzung ist bis zum Tiergartenzugang gegenüber dem Brandenburger Tor eingetragen. An der Ecke Schulgartenstraße–Lennéstraße ist das Wohnhaus Lenné's mit Grundstückgrenzen eingezeichnet.

Planslg. Nr. 3589
Quellen zu Nr. 27:
ZSTAM 2.2.1 Nr. 31750, fol 28–33, 51–55, 72–74

28
Grabenstraße und Moritzhof um 1846 *Abb.*

„Project zur Einrichtung einer Bade-Anstalt und Anlage einer Straße durch Moritz-Hof bei Berlin."
Plangrenzen: Lützower-Wegstraße – Rückseite der Grundstücke der Tiergartenstraße
Zeichner: Vermessungsrevisor Meyer
Beziffeter Maßstab in Ruten. Wasserzeichen von 1844
Feder in grau, laviert in grün, braun, rosa, blau 26,5 × 33,3 cm

Lenné hatte vielfach bei Besprechungen zur Errichtung einer Badeanstalt bei Moritzhof, die dann schließlich doch nicht ausgeführt wurde, mitgewirkt. Die auf dem Plan durchzogene Straße wurde angelegt (spätere v. d. Heydt-Straße). Die Besitzer der Grundstücke der Tiergartenstraße sind angegeben, darunter die Nr. 30/31 „Gabain jetzt Kerl" (siehe Nr. 84).

Planslg. Nr. 3617
Quellen zu Nr. 28:
Lenné-Nachl. Vol. II. 15 g, fol. 144 ff.

29
Charlottenburger Chaussee um 1842

„Charte von der Charlottenburger Feldmark d: III[te] Section vermessen im Jahre 1825 für Menzelius von Beussel. – Nach einer Copie des Reg: Feldmesser Schrader."

Eduard Gärtner 1842
Wohnhaus Lenné, Ecke Schulgartenstraße–Lennéstraße

Plangrenzen: Lützower Feldmark mit dem südlichen Spreebogen, westliche Tiergartengrenze, Lützower Feldmark westlich des Fasaneriegeländes
Zeichner: Wohl Vermessungsrevisor Meyer
Bezifferter Maßstab in Ruten. Wasserzeichen von 1839
Feder in grau, laviert in grün, blau, rotbraun
44,8 × 62,9 cm

Innerhalb der Plangrenzen werden die jeweiligen Grundstücke ausgewiesen, um Unterlagen für künftige Planungen zu besitzen.

Planslg. Nr. 7422

30

Kemperplatz 1856

„Situation der Baumbestände zwischen der Lennéstraße, kl: Querallée und Bellevueallée im Thiergarten."
Plangrenzen: Kreuzung der Bellevuestraße – Bellevueallee, Tiergartenstraße, Kleine Querallee, Lennéstraße
Signiert: „Henning Thiergarten d. 16 Octbr 1856."
Bezifferter Maßstab in Ruten. Wasserzeichen von 1855
Feder in grau, Blaustifteinbesserungen, laviert in grün 35,4 × 53,2 cm

Anzahl und Art der vorhandenen Bäume, auch deren Stammumfang, sind aufgenommen und eingezeichnet worden. Im selben Jahr wurde in der gleichen Art die Verschönerung der Kreuzung „Am Knie" (jetzt Ernst-Reuter-Platz) geplant. Diese Zeichnung befindet sich in der Plankammer der Verwaltung der Staatlichen Schlösser und Gärten Berlin (West).

Planslg. Nr. 3593
Lit. zu Nr. 25–30:
Schmidt, Hartwig: Das Tiergartenviertel. Berlin 1981

Stadtbaupläne und die Verschönerung von Berlin

Nach den Befreiungskriegen war es allen Einsichtigen klar, daß man das Anwachsen der Stadt Berlin beeinflussen und leiten mußte. 1817, 1823 und 1832/33 legte Schinkel Planungen für die Innenstadt vor, mit denen er sich aber nicht durchsetzen konnte.
Mit den Planungen im Weichbild Berlins war ein Mitglied der Oberbaudeputation, Johann Carl Ludwig

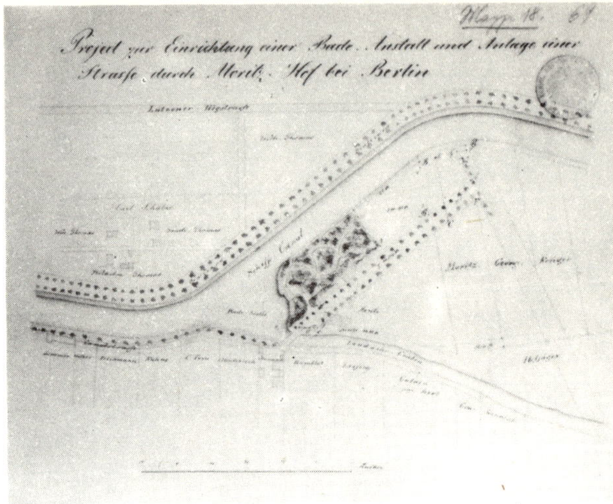

28

Schmid, beauftragt worden, der 1825 einen Bebauungsplan vorlegte. Es ist wohl derselbe „Bebauungsplan für die Umgebungen Berlins" von Schmid, der dann am 12. 11. 1829 von den Leitern der Oberbaudeputation – u. a. Schinkel – unterschrieben an das Ministerium des Innern gegeben wurde. Schmid zeigte sich im weiteren Verlauf seiner Aufgabe nicht gewachsen. Man warf ihm zu recht vor, daß seine Planungen zu sehr ins Detail gingen und sich in einzelnen Straßenprojekten verloren. Schließlich befaßte er sich fast nur noch mit Baugenehmigungen.
Lenné's Kritik an dem Schmid-Plan setzte vor allem an dessen Mangel an Grünflächen ein. Davon ausgehend, mag Lenné zu seinem großen Einfluß auf die Stadtplanung gelangt sein. 1839 legte er einen Bebauungsplan für das Pulvermühlengelände in Moabit vor und arbeitete gleichzeitig an einem Bebauungsplan für das Köpenicker Feld. Schinkel trat nur noch als Gutachter auf, als es darum ging, den Plan Lenné's für Moabit in Hinsicht auf praktische Durchführbarkeit zu verbessern.
Zweifellos hat der Kronprinz, seit 1840 König Friedrich Wilhelm IV., den Einfluß Lenné's gefördert. Wenn Lenné die Erbauung seines Hauses in Berlin 1838 damit

begründet, daß es an dem Orte errichtet wird, „welcher jetzt und für die Folge meine Tätigkeit vorzugsweise in Anspruch nimmt“, meinte er neben seinen Arbeiten für den Tiergarten zweifellos die Stadtplanung. Bis in den Anfang der sechziger Jahre dauerten hier sein Einfluß und seine Kämpfe um planvolles Bauen verbunden mit Grünanlagen für die Bevölkerung Berlins.
Die großen Verschönerungspläne für die Stadt Berlin von Lenné aus den Jahren 1840 und 1843, die sich in der Schloßbibliothek Berlin und in der Plankammer befanden, gelangten nach 1945 in die Plankammer im Schloß Charlottenburg, Verwaltung der Staatlichen Schlösser und Gärten Berlin (West). In Potsdam verblieben in der Plankammer die Teilpläne für das Köpenicker Feld, Moabit und Tempelhof-Schöneberg.

Königsplatz, Exerzierplatz und Moabit

Bei den Zeichnungen für die Bebauung des Geländes im Spreebogen, jenseits der Siegesallee, nordöstlich des Brandenburger Tores und auf der anderen Seite der Spree bis zum Gelände der Pulvermühlenmagazine in Moabit, verbinden sich die Planungen von Lenné und Schinkel besonders eng. Lenné hatte 1839 einen Bebauungsplan für das Gebiet gezeichnet. Die zuständigen Minister beschlossen am 5.5. 1840, daß Schinkel um eine Modifizierung des Planes gebeten werden sollte. Er sollte auf den Lenné'schen Plan Rücksicht nehmen, aber zur Erleichterung der Durchführung die Besitz- und Terrainverhältnisse beachten. Daraufhin zeichnete Schinkel seinen bekannten Plan vom Juli 1840, der die Grundprinzipien des Entwurfes von Lenné übernahm, vor allem die große Nord-Südachse, die den Blick vom Tiergarten zum späteren Königsplatz und dann über die Spree hinweg auf eine Kirche als Endpunkt lenkt. Lenné gab seinen Plan am 9. Mai 1840 an Schinkel, der sich am 10. Mai dazu äußerte. Im Juli 1840 wurde nach Vergleich der Pläne von den Zuständigen festgestellt: „Die Übereinstimmung beider Künstler dürfte für Zweckmäßigkeit sprechen.“
Im weiteren erscheint der Plan in den Sitzungen des Staatsministeriums als der „Lenné-Schinkelsche Bebauungsplan“. Lenné hatte inzwischen einen zweiten Plan eingereicht, der neben einigen unbedeutenden Veränderungen eine entscheidende aufweist – die Kirche wird in die Mitte der Anlage geschoben – eine Toranlage bildet den neuen Endpunkt der Straße. Nach wie vor waren die zuständigen Ministerien mit den Ideen Lenné's nicht ganz glücklich, denn „Man kann über die Annahme eines Plans nicht wohl blos nach dem größeren oder geringeren ästhetischen Wert entscheiden.“ Schwierigkeiten machten vor allem neben dem Kriegsministerium die privaten Besitzer von Grundstücken, vor allem der Holzhändler Seeger, der 1839 einen eingenen Parzellierungsplan eingereicht hatte.

Schließlich wurde am 14.11. 1842 der Bebauungsplan vom König genehmigt. Es ging jetzt erst einmal um das dem Fiscus gehörige Gelände der Pulvermühlen, wo eine Kaserne und ein Gefängnis errichtet werden sollten, im Anschluß daran dann der neue Exerzierplatz. Am 20.12. 1842 teilte der König den Ministern mit, daß dem Exerzierplatz eine veränderte Lage anzuweisen ist, weil die Besitzer der Privatgrundstücke unmäßige Forderungen stellen. Er soll sich jetzt nicht mehr quer zur Achse, sondern parallel daneben erstrecken. Dadurch kommt das Gefängnis westlich von ihm in den Kleinen Tiergarten.
Hier spielt nun die kleine Szene, von der Varnhagen berichtet. Er hatte von ihr bei einer Gesellschaft der Frau Olfers erfahren, wo der Herr von Griesheim am 11. August 1843 davon Mitteilung machte. Der Minister des Innern Graf von Arnim hatte dem König von Sanssouci den Bebauungsplan vorgelegt. Der König erklärte alles für falsch, wider seinen Willen, seine Befehle, seinen Anordnungen. Schließlich wird Lenné geholt und der bestätigt, daß alles den Anordnungen des Königs entspräche. Der König meinte schließlich, das wäre wohl möglich „Aber ausgeführt muß es doch nun anders werden, ganz umgekehrt, hier soll die Kaserne stehen, hier das Gefängnis“. Das spiegelt sich dann in einem Immediatbericht vom 28.7. 1843, in dem angeordnet

wird, daß „auf dieser Stelle die neue Kaserne errichtet werden solle; die Straf-Anstalt sei dagegen auf dem für die Kaserne vorgeschlagenen Platze und zwar so zu erbauen daß die mit dem Meridian zusammenfallende Hauptfront der Anstalt – wie bei dem Muster Gefängnis zu London – gegen Westen gekehret werden.“ Zwar, wird fortgefahren, sind die Kosten der neuen Stellung des Gefängnisses höher, aber dafür würden bei der Kaserne weniger Kosten entstehen.
So wurden dann in der Tat Kaserne, Gefängnis und Exerzierplatz ausgeführt. Die anderen Teile des Bebauungsentwurfes verblieben vorläufig. Inzwischen änderten sich die Bedingungen für seine Ausführung. Am rechten Spreeufer war 1845/47 der Hamburger Bahnhof entstanden, neben dem Gefängnis und genau am Endpunkt der geplanten Nord-Südachse. Lenné stellte sich auf die neuen Verhältnisse ein und legte 1852 einen Plan vor, der an Stelle der Nord-Südachse den Humboldt-Hafen entstehen ließ. Von dieser Planungsphase sind in Potsdam keine Entwürfe vorhanden. Der in den Akten erwähnte Bebauungsplan von 1852 konnte bis jetzt in keinem Exemplar nachgewiesen werden. Dagegen ist aber 1859 in den Akten ZStAM ein Entwurf abgeheftet, der anläßlich der Forderung nach einer Kadettenanstalt in dieser Gegend gezeichnet wurde. Der große, farbige von Lenné im Dezember 1859 signierte Plan dürfte wohl der letzte sein, den Lenné für Moabit entworfen hat.

31
Königsplatz und Exerzierplatz 1839

„Plangrenzen: Königsfeld, Invalidenstraße, Louisenstraße, Neue Wilhelmstraße, Charlottenburger Chaussee, Große Querallee
Signiert: „Lenné Oct. 1839“ (Signatur nach einem Wasserschaden abgeschnitten)
Zeichner: Koeber
Bezifferter Maßstab. Wasserzeichen von 1838
Feder in grau und rot, Bleistift laviert in grau, rosa, blaßbraun, blaßblau 70,6 × 60 cm

Der Paradeplatz nördlich der Zelten ist in seiner hippodromartigen Form regelmäßig mit Bäumen, meist zweireihig bepflanzt. Nach Norden schließt sich ein ebenso bepflanzter Halbkreis und eine Allee an, die vor einer Kirche endet. Die westliche führt zu einem projektierten Tor, das gleichzeitig Eingang zur rechteckigen freien Fläche des Königsplatzes ist. Die sich westlich anschließenden Ländereien sind zu „Begräbnisplätzen“ vorgesehen. Der größte Teil der projektierten Straßen ist mit Straßenbäumen bepflanzt. Auch die Spree wird beiderseits von einer Allee begleitet. Im Westteil erweitert sie sich zu einem Hafen, an dem ein „Markt und Ausladeplatz“ liegt. Südlich der Charité und westlich des Invalidenhauses, auch in dessen Hof, liegen kleinteilige, meist regelmäßig angelegte Grünflächen.

Planslg. Nr. 3590

32 Abb.
Königsplatz und Exerzierplatz 1839

Plangrenzen: Wie Nr. 3590
Signiert: „Lenné fec: Octob: 1839.“
Zeichner: Koeber
Bezifferter Maßstab ohne Angabe der Maßeinheit.
Wasserzeichen von 1837
Feder in grau und rot, Bleistift, laviert in grau, rosa, grün 64,5 × 48,9 cm

Beschr.: N B. Erläuterungs-Bericht hierzu vom 4. 11. 39 in den Acten „den Thiergarten betr.“ Vol. IX fol. 155–157. L“ (Der Bericht konnte nicht aufgefunden werden.)
Der Exerzierplatz nördlich der Zelten-Allee erhält eine hippodromartige Form, dem sich nach Norden ein weiterer halbkreisförmiger Freiraum anschließt. Alle Ränder sind straff mit Bäumen bepflanzt. Die Doppelallee nach Norden setzt sich jenseits der Spree fort und wendet vor einer Kirche. Die Diagonalalleen führen östlich zur Brücke an der Carlstraße (Reinhardtstraße), westlich bis zu einem projektierten Tor an der Invalidenstraße. Dieses Tor ist ein Teil des seitlichen Eingangs zum Königsfeld, das östlich bis zu den regelmäßigen Grünanlagen des Invalidenhauses reicht. Die übrigen Straßen fügen sich meist diagonal zu den drei Hauptachsen ein. Am westlichen Teil des Spreebogens erweitert sich das Spreebett hafenartig, wobei die großen Flächen als Ausladeplatz und für den Markt vorgesehen sind. Vorhandene Bauten sind rot eingezeichnet. Bleistifteintragungen lassen Planänderungen vermuten.

Planslg. Nr. 3591

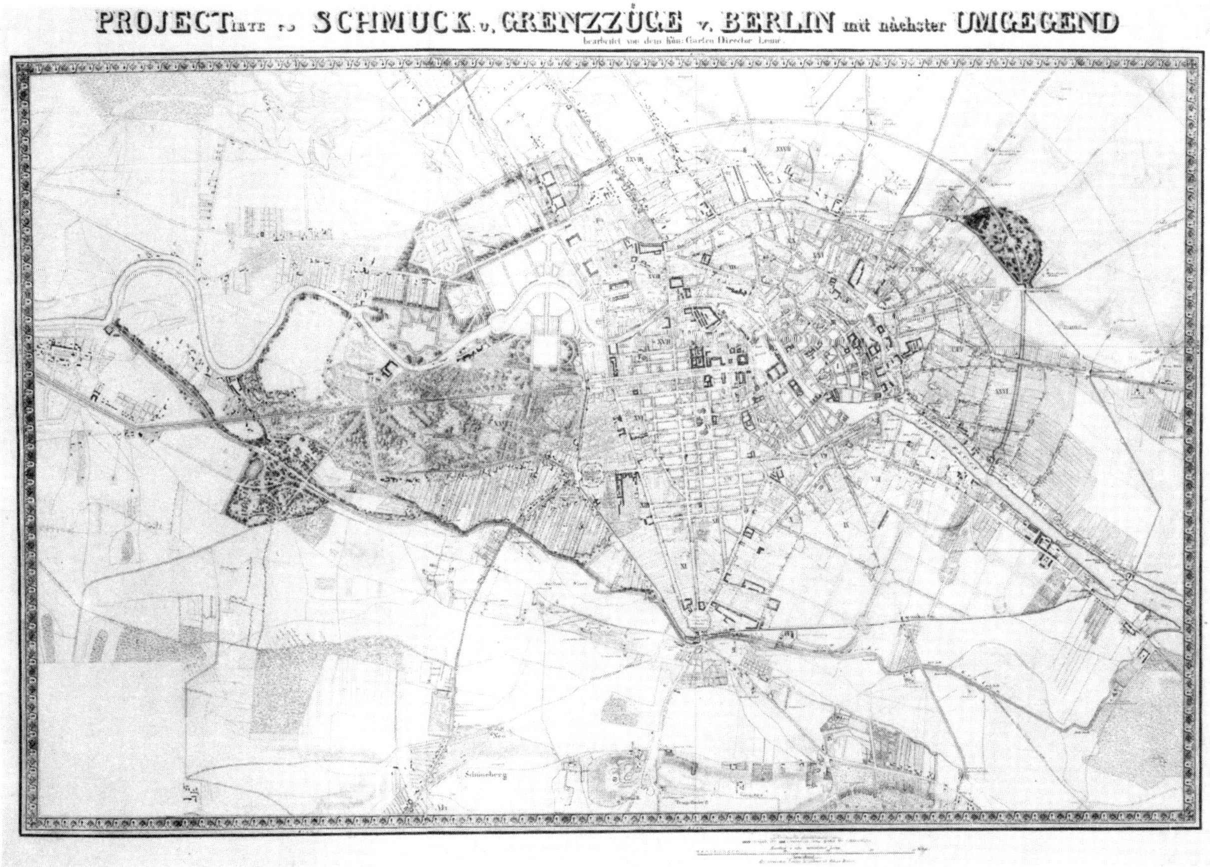

Peter Joseph Lenné um 1840 · Verschönerungsplan für Berlin

33 Abb.

Königsplatz und Exerzierplatz 1840

„Plan von dem bei Berlin liegenden zum Verkauf bestimmten Etablissement der königlichen Pulver-Fabrik."
Plangrenzen: Moabit, Kleiner Tiergarten, Invalidenstraße, Friedrichstraße, Alter Exerzierplatz
Bezifferter Maßstab in Ruten
Lithographie, aquarelliert, Feder in rot 59,8 × 89,2 cm

In den Plan wurde mit roter Feder die zweite Planung Lenné's für das Pulvermühlengelände eingezeichnet, wo er die Kirche vom Endpunkt der Straße in die Mitte rückt. Im Spreebogen liegt über dem neu als Platz gestalteten Exerzierplatz die Straße, die über eine Brücke zum jenseitigen Ufer der Spree führt. Dort am Fluß ordnet Lenné den Platz mit der Kirche ein. Die Straße führt hinter ihrem Chor auf eine neu geplante Toranlage zu. Die Spree erweitert sich westlich zu einem Hafen. Das Mustergefängnis ist verdoppelt, einmal an Moabit angrenzend und darüber neben dem kleinen Tiergarten. Der Plan ist eine Vorarbeit für diesen Stadtteil im großen Plan der Schmuck- und Grenzzüge von 1840, der auch diese von dem ersten Lenné-Schinkelschen Vorschlag abweichende Lage der Kirche bringt.

Planslg. Nr. 7424

34

Pulvermühlengelände in Moabit 1841

„Plan der dem Kaufmann Herrn C. H. Seeger zwischen dem Pank. Fluss dem Artillerie-Laboratorium und der Pulvermühlen Straße belegenen Grundstücke"
Plangrenzen: Artillerie-Laboratorium, Panke, Pulvermühlenstraße, Pulvermühlengelände
Sign.: „Aufgenommen und nach vorhandenem Plan eingetragen im Dcbr. 1841 durch Fleischer Conducteur"
Bezifferter Maßstab in Ruten
Feder in grau, farbig laviert, Bleistift, auf Leinen aufgezogen
47,9 × 66,3 cm

Es handelt sich um das Gelände jenseits des Spreebogens, auf dem später der Humboldthafen angelegt wurde. Sein hervorragendster Teil war ein Weinberg (ursprünglich der „Menadiersche Weinberg"). Hier gehört er dem Kaufmann Seeger, der auch das umliegende Gelände angekauft hatte. Das Blatt entstand zur Zeit der Verhandlungen mit Seeger wegen Ankauf des Gebietes für die Lenné-Schinkelsche Planung. In den Stadtplan Berlins von Reimer aus dem Jahre 1850 ist diese Planung aufgenommen. Sie wurde nicht ausgeführt. Der Plan ist nicht geordnet.

Planslg. Nr. 3636

35 Abb.

Königsplatz um 1844

„Bebauungs- und Einrichtungs-Plan des Exercier-Platzes im Thiergarten bei Berlin."
Plangrenzen: Spreebogen, Charlottenburger Chaussee, Querallee
Bezeichnet: „Copia"
Zeichner: Gustav Meyer, Bleistiftzeichnungen wohl Lenné
Bezifferter Maßstab in Ruten. Wasserzeichen von 1842
Feder in schwarz, Bleistift, laviert in grün, grau, rosa, blau 46 × 54,6 cm

Die Fläche zwischen Charlottenburger Chaussee und der Allee am Exerzierplatz sind in Wiesen mit umfangreichen Gehölzgruppen umgewandelt worden.
Der sich nördlich anschließende Exerzierplatz wird zu einem Stadtplatz verkleinert; Bleistifteintragungen deuten darauf hin, dem Übungsplatz eine gartenkünstlerische Grundform zu geben und Zwickel in den Ecken zu bepflanzen. Die Partien um den Kroll'schen Wintergarten sind in ganz regelmäßige Gartenteile gegliedert, ebenso fast spiegelbildlich im Osten an der Raczinski'schen Bildergalerie, der noch kleine stimmungsvolle Gärten zugeordnet sind. Alleeartige Pflanzungen und Baumreihen bilden den Abschluß dieses hippodromartigen Freiraumes. Lediglich der Zirkus liegt außerhalb, von Baumgruppen abgedeckt. Nördlich des Exerzierplatzes setzen zwei rechteckige Grünstreifen, die eine breite Allee begleiten, den Freiraum fort; seitliche Bebauung bildet die Randung. Eine vierreihige Baumpflanzung nimmt dem Tiefenzug der „neu zu eröffnende Hauptstrassen" von Süden her auf und führt zu einer Brücke über die Spree.

Planslg. Nr. 3600

36

Pulvermühlengelände in Moabit um 1845

„Situationsplan des neuen Exercierplatzes hinter den ehemaligen Pulvermühlen Terrain bei Berlin"

J. G. G. Poppel u. G. M. Kurz nach J. Gottheil um 1850
Der Königsplatz nach Osten

Plangrenzen: Magazin Nr. 2, Laboratorium, Exerzierplatz, Turmstraße, Mustergefängnis, Ulanenkaserne, Birkenstraße
Zeichner: Koeber
Bezifferter Maßstab in Ruten. Wasserzeichen von 1844
Feder in grau, Bleistift 61 × 48 cm

Nördlich der Turmstraße liegen die Magazine 2 und 3 verbunden durch (teils mit Bäumen bepflanzten) Straßen, südlich schließt das etwas bewegte Gelände mit den Artillerie-Schuppen an. In den nördlichen Teil wird der große Exerzierplatz mit anschließendem Laboratorium eingefügt, mit dichten Baumpflanzungen abgegrenzt. In der Folge verlegt man die Turmstraße etwas nach Süden, dem Exerzierplatz folgend. Auf dem Artillerie-Schuppen-Gelände soll im Osten das Mustergefängnis und genau in der Achse des Exerzierplatzes eine Ulanenkaserne gebaut werden.

Planslg. Nr. 7390

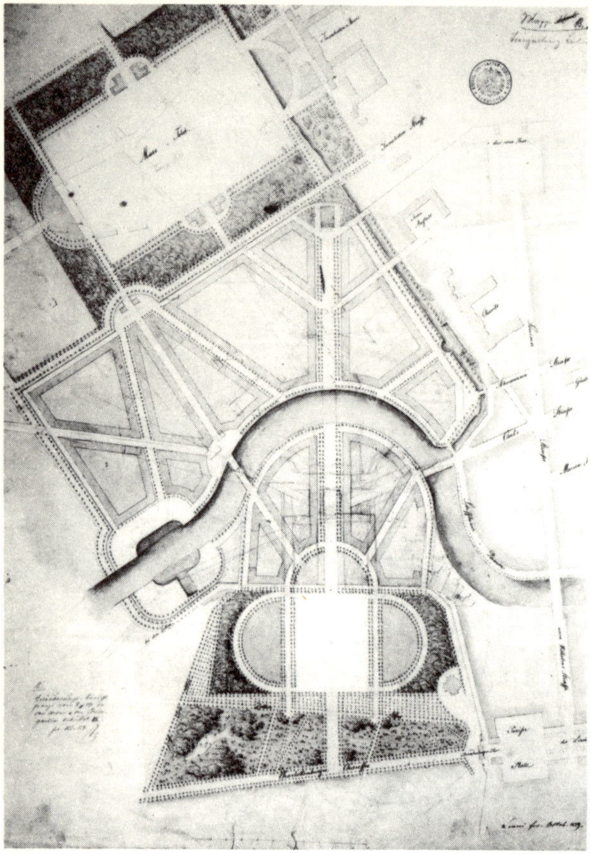

32

37 Abb.

Pulvermühlengelände in Moabit 1843

„Theilweiser Bebauungs Plan vom Etablissement der Königlichen Pulverfabrik bei Berlin; behufs der Anlage des neuen Schiffs-Canals."
Plangrenzen: Kleiner Tiergarten, projektierter Schiffskanal, Exerzierplatz, Strafanstalt, Spree
Zeichner: Gustav Meyer. Wasserzeichen von 1841
Feder in grau, Bleistiftkorrekturen. Laviert in grün, grau, blau, rosa
76 × 56,9 cm

Der projektierte Schiffskanal, auf beiden Ufern von einer Baumreihe begleitet, führt nordsüdlich durch das Gebiet der ehemaligen Pulverfabrik. Er wird von der Straße nach Moabit und der sog. Birkenallee überquert. Unmittelbar am kleinen Hafen an der Spree schließen sich axial ganz regelmäßige neue Stadtteile an, fast immer mit Bäumen bepflanzt. Von einem zentralen, mit einem Stadttor versehenen Platz führen drei Straßen nach Westen, die mittlere auf einen kleinen Hafen, die nördliche Straße nach Moabit. Eine etwas breitere Straße richtet sich nach Norden unmittelbar auf eine große Kaserne aus, dreiseitig von Straßen und Gehölzflächen umgeben. Von einer Querstraße getrennt, folgt die Musterstrafanstalt. Der rechteckige Exerzierplatz, seitlich ein kleiner Friedhof zur Strafanstalt, schließt sich nördlich an.

Plansig. Nr. 5465

Quellen u. Lit. zu Nr. 31–37
ZSTAM: Lenné-Nachl. 15 g Vol I
Rep. 93 B Nr. 1645 u. 1646. Verlegung Pulverfabrik von Moabit ... (1823–1845)
Nr. 1647–1652 (1846–1862)
Nr. 1699 u. 1700 (1858–1860) Ausführung des Bebauungsplanes für das ehemalige Pulvermühlen-Terrain
2.2.1 Nr. 28628 (1842–1853) Die Umgestaltung und Bebauung des Exercierplatzes im Tiergarten ... und des auf dem rechten Spreeufer belegenen Terrains ...
Hinz S. 181
Schinkel-Werk-Rave 1948, S. 29–31
Kutschmar, Aribert: Berliner Städtebauprojekte von Peter Joseph Lenné. In: Berliner Heimat 1.1961, S. 12–18
Wendland S. 150
Schinz S. 118–121
Geist-Kürvers S. 395–401
Hecker, Manfred: Die Planung des Pulvermühlenterrain. Zum Konflikt zwischen Lenné und Schinkel. In: Berlin. Von der Residenzstadt zur Industriemetropole. Berlin TU 1981, S. 453–463

38

Kleiner Tiergarten 1838

Der kleine Tiergarten sollte ursprünglich den Tiergarten nach Norden erweitern. Schon im 18. Jahrhundert wurde der Plan aufgegeben und so blieb er ein schmaler, vom eigentlichen Tiergarten durch Privatgrundstücke getrennter Bereich im späteren Stadtteil Moabit.

E. Biermann 1846
Das neue Stadtgefängnis bei Moabit vor der Gestaltung der Umgebung durch P. J. Lenné

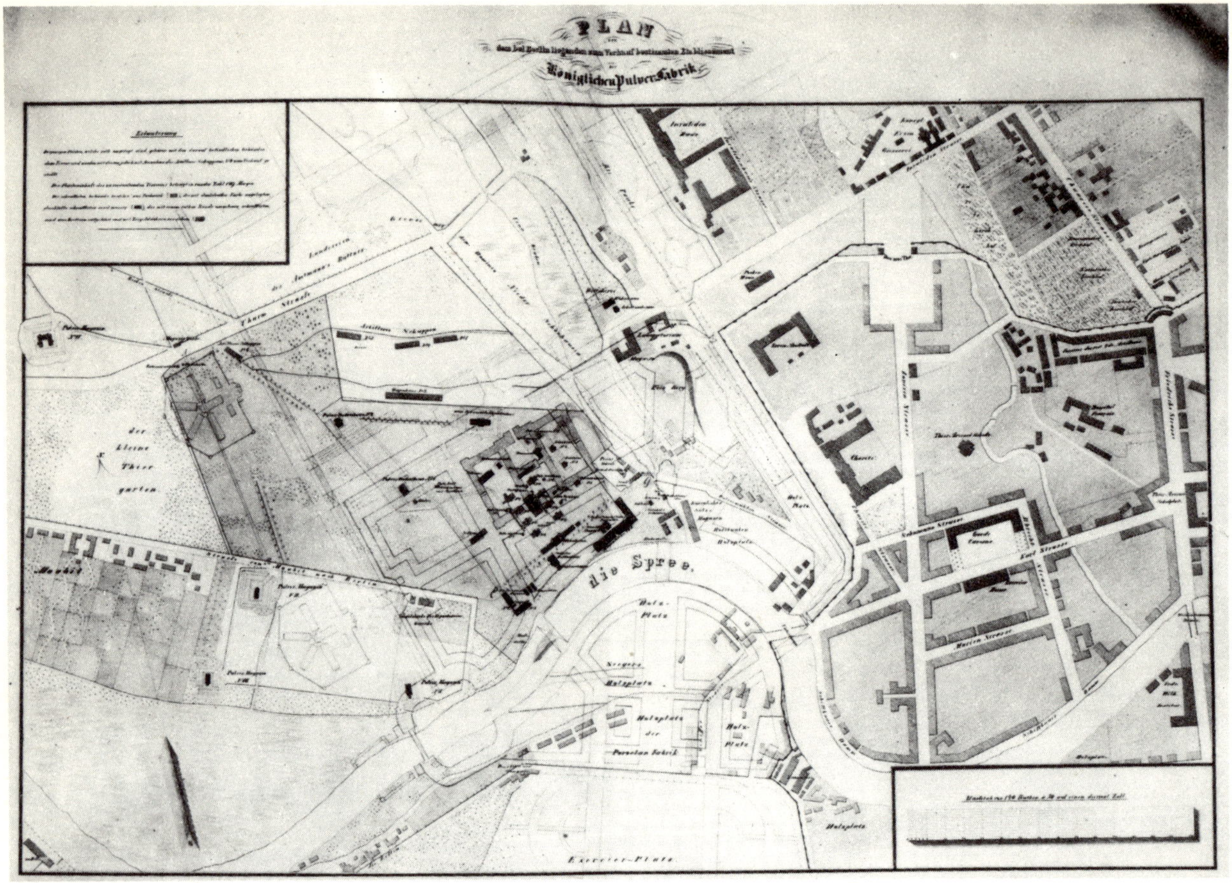

33

„Brouillon Karte von den hinter der Linden Plantage im Königlichen kleinen Thiergarten belegenen Wiesen."
Plangrenzen: Straße von Martinique nach Berlin, Privatgrundstücke, Spree, Privatgrundstücke
Signiert: „aufgenommen von Passow 1825 copirt G. Koeber 1838"
Bezifferter Maßstab in Ruten. Wasserzeichen von 1829
Feder in grau und rot, laviert in grün mit grau, hellbraun und blau
43,9 × 28 cm

Die um die „Holländische Lindenplantage" in der Nähe des Kleinen Tiergartens gelegenen Grundstücke sind aufgenommen, die Besitzer und Nutzung eingetragen.

Planslg. Nr. 3613

39

Kleiner Tiergarten und Moabit 1839

„Skizze zum Verschoenerungs Plan des Kleinen Thiergartens und den Environs der Kirche zu Moabit."
Plangrenzen: Fläche des Kleinen Tiergartens zwischen der heutigen Stromstraße und Altmoabit
Bezifferter Maßstab in Ruten
Zeichner: Koeber
Feder in grau, laviert in grün mit grau, hellbraun und rosa, unregelmäßig beschnitten etwa 26,5 × 82 cm

Den Endpunkt der von der Spree herführenden Straße bildet die nach dem Entwurf von Karl Friedrich Schinkel 1834 erbaute Johanniskirche.
Regelmäßig angelegte Flächen um die Kirche werden von langgestreckten Baumpflanzungen gerahmt, in denen quadratische Flächen offen bleiben. Vor einer nördlich abschließenden Pflanzung liegen weitere regelmäßige Partien, die sowohl zum Pfarrhaus als auch zur Schule gehören, der sich ein Begräbnisplatz anschließt. Die nördlich folgenden Teile sind ebenfalls regelmäßig geordnet, teils mit Bäumen bepflanzt, teils als Wiesen gehalten.
Der Plan wurde nicht ausgeführt.

Planslg. Nr. 3616

40 Abb.

„Terain um die Kirche in Moabit" 1839

Plangrenzen: Turmstraße, Schulgrundstück, Alt Moabiter Straße, Pfarrgrundstück
Zeichner: Koeber

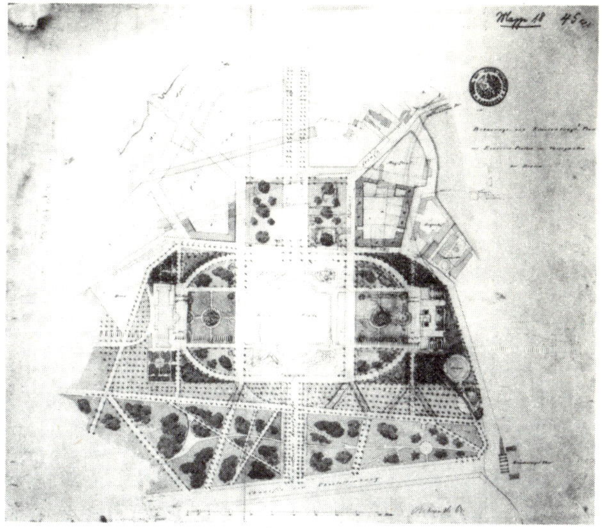

35

Bezifferter Maßstab in Ruten
Feder in grau, laviert in grün, hellbraun, rosa
34,4 × 42,3 cm

In Achse der Brückenstraße erhebt sich die Kirche, deren mit zwei Rasenflächen ausgefüllter Vorplatz durch eine Hecke von der Straße abgegrenzt wird. Eine mit Bäumen gerandete Rasenfläche umgibt die Kirche von drei Seiten, wobei eine große Buschgruppe sowie eine Baumgruppe die Grünflächen füllen. Der sich nördlich anschließende Kirchhof wird von einem Kreuzweg aufgeteilt, dessen Achse mit Bäumen bepflanzt ist. Sowohl hinter dem Schulhaus (Osten) als auch hinter dem Pfarrhaus (Westen) liegen größere Rasenflächen, von denen nur die dem Pfarrhaus zugeordnete mit Bäumen, locker verteilt, besetzt ist.

Planslg. Nr. 3615

Lit. zu Nr. 38–40

Wendland S. 153–156
Rave-Wirth-Bauwerke Berlin S. 189–190
Heinrich-Hampf, Vroni: Der Kleine Tiergarten in Moabit. In: Berlin. Von der Residenzstadt zur Industriemetropole. Berlin TU 1981, S. 465–474

Das Köpenicker Feld

Das Köpenicker Feld (= Luisenstadt bzw. Kreuzberg-Neukölln) liegt im Südosten der Stadt zwischen Spree und Landwehrgraben. Schon Friedrich Wilhelm I. hatte es bei dem Neubau der Akzisemauer von 1732–34 zur Stadt ziehen lassen, indem er zwischen dem Halleschen und dem Cottbuser Tor eine geradlinige Mauer errichten ließ. Seine Felder und Wiesen waren aber weitgehend unbebaut geblieben. Seit Beginn des 19. Jahrhunderts nahm die private Bautätigkeit hier mehr und mehr zu. So konzentrierte sich das Interesse der Stadtplanung vor allem auf dieses Gebiet. Im Schmid-Plan hat es eine wichtige Stellung, ja es ist das einzige Gebiet der Gesamtplanung, das schon 1826 im Stadtplan von Selter mit der vorgesehenen Straßenführung aufgenommen wurde, 1843 dann mit der von Lenné. Die Planungen für das Köpenicker Feld stellen eine der umfangreichsten Bemühungen dar, das wilde Wachstum der Stadt auf den leeren Flächen innerhalb und außerhalb der Stadtmauer zu verhindern. Der Kronprinz Friedrich Wilhelm (IV.) interessierte sich dafür und entwarf einen Plan, den Schinkel in einem Gutachten von 1835 unterschiedlich bewertete und kritisierte.
1839 ging die Planung für das Köpenicker Feld an Lenné über, der sie über die Mauer hinaus nach Süden bis an den Landwehrgraben erweiterte. König Friedrich Wilhelm IV. hatte dann seit 1840 immer wieder in die Planungen eingegriffen. Immerhin sind hier trotz zunehmender Bodenspekulation und dichter Mietskasernenbebauung wenigstens die Grundprinzipien des Planes von Lenné verwirklicht worden: der sich in einem Bogen durchziehende Luisenstädtische Kanal mit zwei Hafenbecken (1926 zugeschüttet) und die beiden Plätze mit den Kirchen St. Michael und St. Thomas.

41 Abb.
Köpenicker Feld 1840

„Bebauungs Plan für das Köpenicker Feld."
Plangrenzen: Landwehrgraben, Belle-Alliance-Platz, Lindenstraße, Spree, Schlesisches Tor

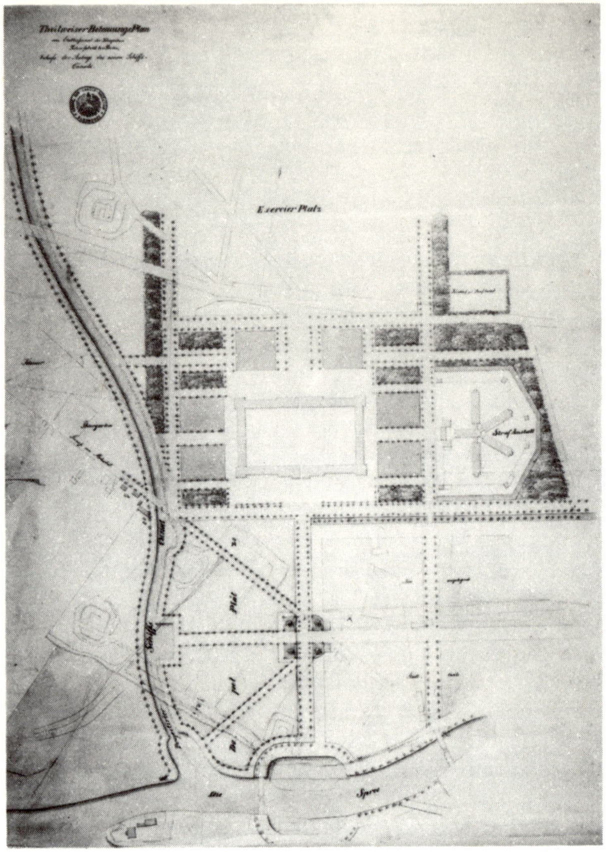

37

Signiert: „Entworfen vom Gartendirektor Lenné 1. Januar 1840" „gez. G. Koeber 31/12. 39"
Beziffeter Maßstab in Ruten. Der Plan ist gesüdet
Feder in grau, blau und orange, grau und rosa laviert auf Seidenpapier
58,8 × 78 cm

Im Zuge des Ausbaues des Landwehrgrabens zu einem Schiffskanal wird zur Erweiterung des Köpenicker Feldes und zur Erschließung der Flächen der sogenannte Luisenstädtische Kanal durch die kaum bebaute Feldflur gelegt. Östlich des Belle-Alliance-Platzes knickt der

Luisenstädtische Kanal fast in einem rechtwinkligen Bogen ab und erweitert sich an der Orangenstraße zu einem quadratförmigen Becken, dem in etwa 400 m Entfernung ein rundes Bassin folgt, mit einer Kirche als optischen Abschluß (St. Michael, 1850–1856 von Soller erbaut). In einem ähnlichen Bogen knickt der Kanal erneut ab und mündet an der heutigen Schillingsbrücke in die Spree.
Das Gelände östlich des Kanals wird durch breite Straßen erschlossen. In Fortsetzung der Orangenstraße (Oranienstraße) bildet sich eine Platzsituation aus, von der acht Straßen ausgehen. Nach Osten folgt ein kleiner Rundplatz, nach Norden eine regelmäßige Platzanlage mit einer Kirche (St. Thomas, 1864–1869 von Adler am anderen Ende des Platzes erbaut), die in Achse des Kanalabschnittes zur Spree steht. Auch jenseits der Spree ist eine optische Fortsetzung in Form einer vierreihigen Allee vorgesehen. Der Kanal ist teils zweireihig, teils einreihig mit Bäumen bepflanzt, die bei der Erweiterung zum Becken wirkungsvolle Freiräume abgrenzen.
Die Reinzeichnung des Planes befindet sich im Landeshauptarchiv Berlin (West). Sie ist vom 1. 1. 1840 datiert und von Lenné und Koeber signiert. Der Plan hat im Gegensatz zu dem folgenden starke Abweichungen von der Ausführung.

Planslg. Nr. 5462

42 Abb.

Köpenicker Feld 1841

„Bebauungs Plan für das Cöpnicker Feld"
Plangrenzen: wie Nr. 5462
Signiert: „Lenné 1841"
Zeichner: Vermessungsrevisor Meyer und Koeber, mit Einzeichnungen Friedrich Wilhelms IV. von 1844
Bezifferter Maßstab in Ruten. Der Plan ist gesüdet
Feder in grau, laviert in rosa, grau, grün, blau, Bleistifteinzeichnungen
61,5 × 78,8 cm

Südöstlich des Belle-Alliance-Platzes biegt der Luisenstädtische Kanal vom Landwehrgraben nach Norden ab und erweitert sich an der Stadtmauer neben dem Cottbuser Tor zu einem breiten Becken. Die den Kanal und das Becken seitlich begleitenden Straßen öffnen sich an der Kreuzung Kanal–Orangenstraße (Oranienstraße) zu einem großen, mit Bäumen eingefaßten Platz, in den mehrere Straßen einlaufen. Die gerade Strecke des Kanals mündet wiederum in einem großen Becken (seitlich des Exerzierhauses), dessen nördlicher, optischer Abschluß eine Kirche (St. Michael) mit kleiner Grünfläche wird. Der halbkreisförmige Platzabschluß leitet mit einer kurzen Straße zur Köpenicker Straße über.
Vom letztgenannten Becken, dem sogenannten Engel-Becken, biegt der Kanal in einem Viertelkreis zur Spree ab. Optisch setzen sich die den Kanal begleitenden, mit Bäumen bepflanzten Straßen auch nördlich der Spree in einer vierreihigen Allee fort. Dieser nord-südliche Kanalabschnitt erweitert sich südlich in den Mariannenplatz, nördlich im nach Osten abbiegenden Straßenzwickel mit einer runden Grünfläche, südlich mit einer Kirche (St. Thomas, 1864–69 von Adler am anderen Ende des Platzes erbaut), hinter der sich die Straße bis an die Stadtmauer fortsetzt.
Das Köpenicker Feld wird von meist rechtwinklig angelegten Straßen erschlossen, wobei einige Diagonalstraßen (z. B. die Dresdener Straße) erhalten bleiben. Quadratische Plätze sind eingefügt. Südöstlich des Marinnenplatzes ist als Bleistiftskizze zwischen einem vorgesehenen Platz (der spätere Lausitzer Platz mit dem Köpenicker Tor) an der Stadtmauer und dem Landwehrgraben eine sehr aufwendige Anlage um ein hafenartiges Wasserbecken dazugezeichnet. Die weichen Striche verraten, daß hier Friedrich Wilhelm IV. zum Bleistift gegriffen hat. Aus dem im Lenné-Nachlaß erhaltenen Schriftwechsel Lenné's mit dem Ministerium des Inneren betreffs der Anlage im Köpenicker Feld geht hervor, daß am 24. März 1844 beschlossen wurde, die Badeplätze am Landwehrgraben zu beseitigen und statt dessen ein Badebassin zu bauen, das zwischen Cottbusser und Schlesischem Tor liegen sollte. Lenné wird gebeten, einen Plan vorzulegen. An dieser Stelle unseres Planes hat dann der König seine großzügige Anlage eines Bassins hineingezeichnet, das über alles hinausging, was man in Berlin den Bürgern zu bieten gewohnt war. Lenné legte am 13. August 1845 einen Plan vor, der offenkundig auf der Zeichnung des Königs beruhte. Ausgeführt wurde er nicht. Im wesentlichen

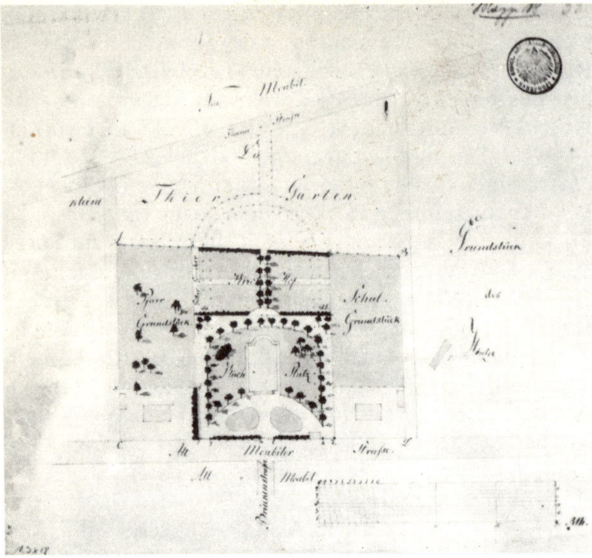

40

W. Loeillot 1838 · Johanneskirche in Moabit

wurde die Bebauung des Köpenicker Feldes sonst so ausgeführt, wie Lenné sie geplant hatte.

Planslg. Nr. 5463

43

Schleuse zwischen Landwehrkanal und Spree gegenüber dem Stralauer Platz 1843

„Plangrenzen: Spree, Bethanienufer
Zeichner: Vermessungsrevisor Meyer, Einzeichnung in Bleistift von Friedrich Wilhelm IV.
Wasserzeichen von 1842
Feder in grau, laviert in grün, blau, rosa, Einbesserungen in Bleistift 29,1 × 46,4 cm

Die Erbauung der Schleuse erforderte größere Verhandlungen, weil sich der König selbst bei diesen technischen Anlagen einmischte. Lenné hatte ihm in Potsdam vorgetragen, welche Schwierigkeiten sich aus seinen Vorstellungen ergeben würden und berichtete am 22. März 1843: „Sr. Majestät der König hatte hierauf die Gnade, die hierbei liegende Bleistiftzeichnung, welche ich mir ergebenst zurückerbitte, Eigenhändig, als Andeutung wie Allerhöchstdieselben Sich die Brücke und Einfahrten in den Schiffs-Kanals gedacht haben, zu entwerfen. Die Anlage von zwei Einfahrt Kanälen scheint hiernach nicht die Absicht Sr. Majestät des Königs gewesen zu sein."

Planslg. Nr. 3620

44

Schleuse zwischen Landwehrkanal und Spree gegenüber dem Stralauer Platz 1843

Plangrenzen: Wie 3620
Zeichner: Gustav Meyer
Bezifferter Maßstab in Ruten. Wasserzeichen von 1841
Feder in grau, laviert in rosa, grün, blau 42,3 × 26,8 cm

Reinzeichnung der Einbesserungen von 3620

Planslg. Nr. 3619

Quellen u. Lit. zu Nr. 43 u. 44

Lenné-Nachlaß 15 g Vol I, fol. 145

45 Abb.

Tempelhofer und Schöneberger Ufer (Urbanufer) 1846

Von Oberbaurat Schmidt beschriftet: „Ufer-Straße an der linken Seite des Kanals bei Berlin
Signiert: „Lenné 1846"
Zeichner: Gustav Meyer
Beziffertcr Maßstab in Fuß. Wasserzeichen von 1845
Beschriftet: „Zum Bericht der Leistung (?) v. 5^t Mai 1846"
Feder in grau, laviert in grün, grau, blau, rosa 50,5 × 71,6 cm

Für die Projektierung der Straße entlang des Kanals werden zwei Vorschläge unterbreitet:

A. Eine leicht gewölbte Fahrbahn, an deren Rand Straßenbäume stehen. Der sich anschließende Fußgangerweg ist zum Kanal von einer niedrigen, geschnittenen Hecke begrenzt, zur anderen Seite mit höheren, frei-wachsenden Sträuchern.

B. Zur Kanalseite liegt neben der leicht gewölbten Fahrbahn ein etwas breiterer Fußweg, der zum Wasser hin ebenfalls mit Bäumen und einer niedrigen, geschnittenen Hecke abgegrenzt ist. Die andere Seite ist als ebenso breiter Reitweg projektiert, dessen Außenseite mit Blumen und freiwachsenden Sträuchern bepflanzt ist.

Planslg. Nr. 3618

Quellen u. Lit. zu Nr. 45
Lenné-Nachl. 15 g Vol. II fol. 129–133 ff.

Quellen u. Lit. zu Nr. 41–45

ZSTAM: Lenné-Nachl. 15 g Vol. I u. II
Rep. 93 D Lit. GC Tit. XI Nr. 49: Bebauung des Köpenicker Feldes ... 1825–1846. Lit. GC Tit XI ad 49,1: Entwurf eines Bebauungsplanes für die Umgebungen Berlins, Bd. 1–6. 1827–1844. Lit. GC Tit XI, ad 49,3: Bebauungsplan Köpenicker Feld 1825. Lit. GC Ti XI ad 49,4: Umarbeitung des Bebauungsplanes für das Köpenicker Feld 1836–1840
2.2.1. Nr. 28595 (1825–1832) u. 28596 (1833–1836)
Bauangelegenheiten in Berlin
Rep. 93 B Nr. 1595: Entwurf und Ausführung ...
Bebauungsplan ... Berlin ... 1824

SM: Bauten in Berlin Stadtplanung: Stellungnahme Schinkels vom 27. 1. 1835 „Motive für den projectirten Plan zur Bebauung des Cöpenicker Felds" Vollst. zitiert bei Rave 1948

Hinz S. 177–188
Schinkel-Werk-Rave-1948, S. 27–28
Schinz S. 115–118
Geist Kürvers S. 395–396
Wendland S. 217–219
Die Bauwerke und Kunstdenkmäler von Berlin. Der Bezirk Kreuzberg. Karten und Pläne bearb. v. Manfred Hecker. Berlin-West 1980
Hecker, Manfred: Die Luisenstadt – ein Beispiel der liberalistischen Stadtplanung und baulichen Entwicklung Berlins zu Beginn des 19. Jahrhunderts. In: Berlin zwischen 1789 und 1848. Aust. Akad. d. Künste Berlin-West 1981. Akademie-Katalog 132

46

Mariannenplatz mit Bethanien 1851

Der Mariannenplatz ist der größte der neuangelegten Plätze des Köpenicker Feldes. An seiner Westseite wurde 1845–47 durch Theodor Stein die von Friedrich Wilhelm IV. gestiftete Diakonissenanstalt mit Krankenhaus Bethanien erbaut.

„Normal-Kranken-Anstalt in Berlin Situations-Plan."
Plangrenzen: Fläche des Bethanien-Krankenhauses (Adalbertstraße, Bethanienufer, Mariannenplatz, Waldemarstraße)
Signiert: „Copie"
Zeichner: Koeber
Beziffertcr Maßstab in Ruten
Feder in grau, laviert in grün, braun, rosa, blau Bleistifteinbesserungen 45,1 × 60,2 cm

Den Hof des Krankenhauses füllen zwei kleine und zwei große mit Büschen besetzte Gartenflächen, die mit Hecken eingefaßt werden. Nördlich des Hauses folgen regelmäßige, sich nach der Architektur ausrichtende Zieranlagen, südlich Nutzflächen, die dicht umpflanzt sind. Ein sanft geschwungener Weg führt entlang der Grundstückgsgrenzen zu einem Pavillon und vereinigt sich mit Wegen, die vom Haus herkommen.
Es handelt sich wohl um einen Situationsplan, der Lenné vorgelegt wurde, damit er Gelegenheit erhielt, den Hof und die Umgebung von Bethanien neu zu gestalten. Die flüchtigen Bleistiftstriche deuten an, wie Lenné den Bereich im Westen auf die Architektur beziehen will. Im Stadtplan von Schropp 1856 ist die Anlage Lenné's eingezeichnet, so daß man annehmen kann, daß sie ausgeführt wurde.

Planslg. Nr. 3586

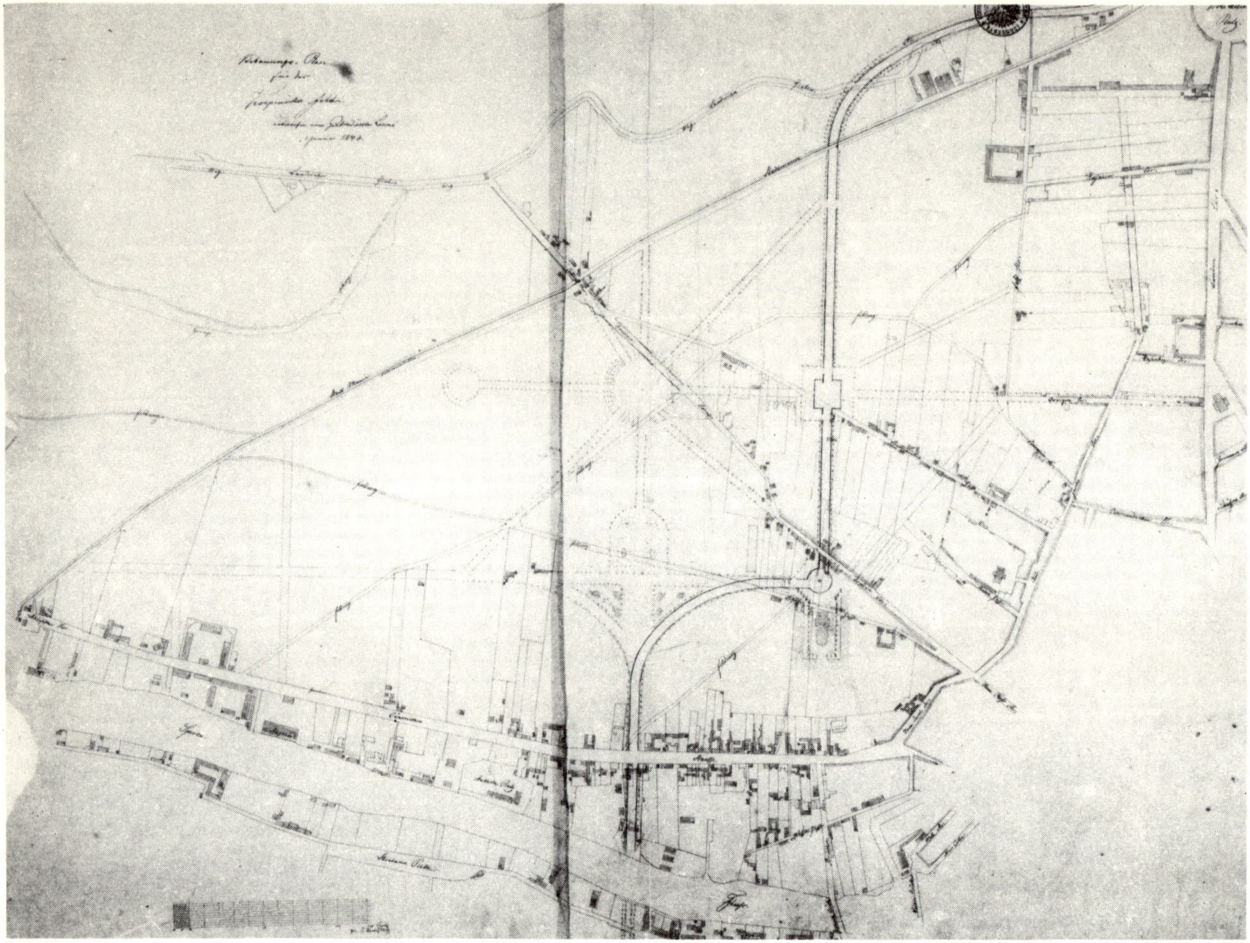

41

42

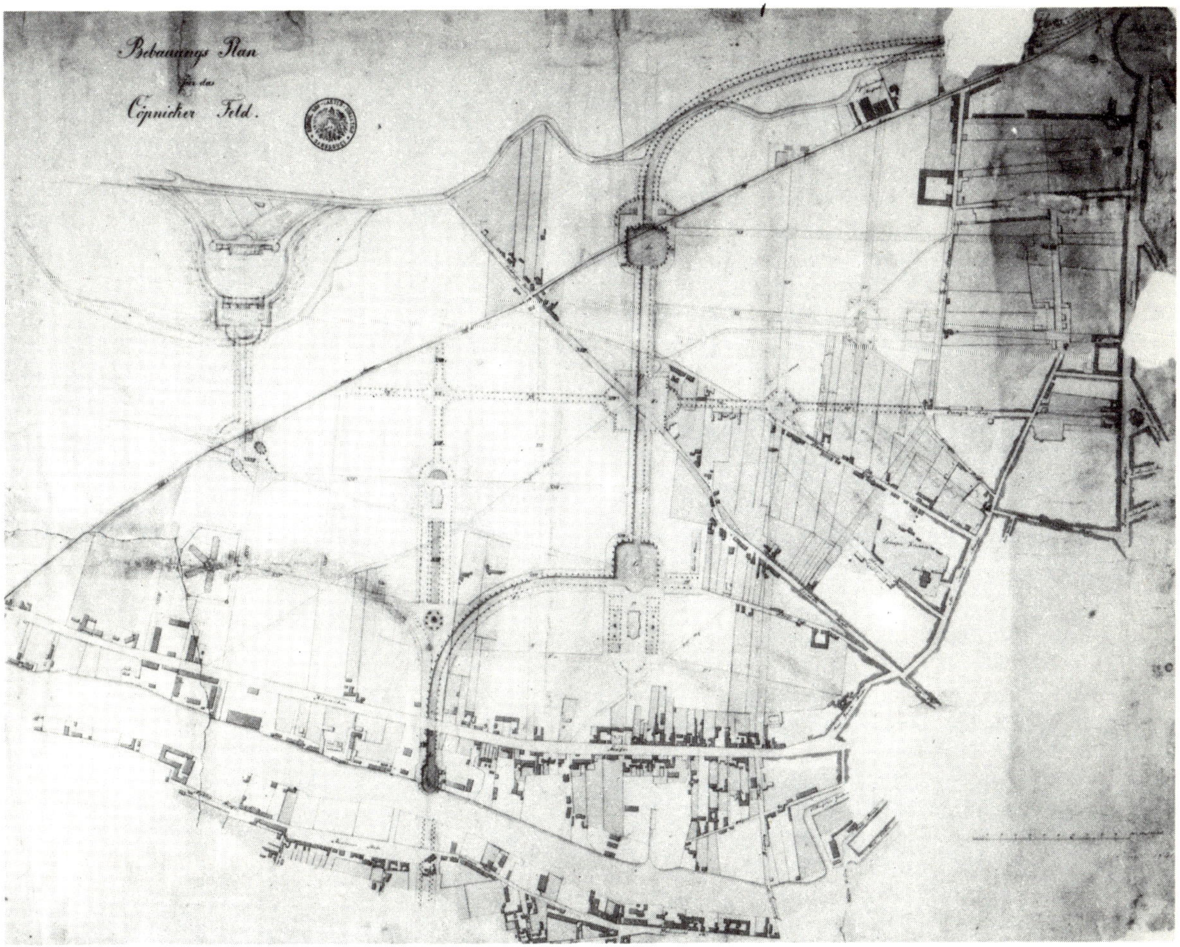

42

47
Mariannenplatz mit Bethanien 1853

„Entwurf zur Einrichtung des Mariannen-Platzes in Berlin".
Plangrenzen: Bethanien-Krankenhaus, Bethanienufer, Schiffahrtskanal, Mariannenplatz, Mariannenstraße
Zeichner: Gustav Meyer
Bleistift auf Seidenpapier 41 × 54 cm

Die Fläche des Mariannenplatzes wird von zwei inneren Alleen und je einer Außenreihe eingefaßt. Die langgestreckte Fläche gliedert sich entsprechend der Krankenhausfassade in drei Rasenflächen, die mit Bäumen und Büschen besetzt sind. Nur die mittlere Fläche ist etwas reicher mit einem Blumenbeet verziert. Der Plan wurde nicht ausgeführt.

Planslg. Nr. 3585

48
Mariannenplatz mit Bethanien 1853

„Plangrenzen: wie 3585
Signiert: „den 10. Juli 1853"
Zeichner: Koeber
Bezifferter Maßstab in Ruten
Feder in grau, Bleistift, laviert 25 × 68 cm

Östlich des Bethanien-Krankenhauses liegt neben den regelmäßigen Flächen der Vorfahrt der langgestreckte Mariannenplatz, der nach Süden halbkreisartig zur Mariannenstraße abgeschlossen ist. Nach Norden geht er in das Straßensystem am Bethanienufer und der Kirche St. Michael über. Innerhalb des chaussierten bzw. gepflasterten Fahrdammes sind zwei rechteckige Flächen ausgewiesen, von drei Seiten mit Blumen eingefaßt, in den Ecken je ein Baum. Auch das hippodromartige Kernstück ist mit Bäumen gerahmt. Das Mittelstück betonen ein Stern- und vier Kreisbeete, die anschließenden abgerundeten Flächen kleinere Bäume und Büsche. Die dichte Abpflanzung nimmt nach Süden drei, nach Norden zwei Nischen, vermutlich für Sitzplätze, auf.
Der Plan wurde im wesentlichen ausgeführt. Reinzeichnung ehemals Bau- u. Finanzdirektion Berlin.

Planslg. Nr. 3584

L. Oeder nach einem Foto von F. A. Borchel
Die Michaelskirche am Engelbecken um 1870

Quellen u. Lit. zu Nr. 47 u. 48
Lenné-Nachl. 15k fol. 1–24, 1851–1855
Hinz S. 188
Geist-Kürvers S. 409–413

49
Stralauer Vorstadt 1843

Gelände zwischen Spree und Karl-Marx-Allee
„Bebauungs-Plan des Stadttheils zwischen der Spree, den Frankfurter Linden und der Krautgasse, mit besonderem Bezug auf die Bebauung des Köpenicker Feldes bearbeitet von ..."
Plangrenzen: Frankfurter Linden–Frankfurter Tor, Stralauer Tor, Spree
Zeichner: Koeber
Bezifferter Maßstab – Maßeinheit abgerissen
Feder in grau und rot, Baumreihen grün gestippt, Bleistift, auf gelbem, stark angerissenem Seidenpapier, moderner Karton 47,2 × 67,5 cm

Der Plan weist aus: Schon bestehende Straßen und Plätze, wegzulassende und beizubehaltende, auch zu modifizierende Straßen; neu zu projektierende Straßen, für die Eisenbahngesellschaft beizubehaltende Straßen. Zwischen den Frankfurter Linden (Karl-Marx-Allee/ Frankfurter Allee) und der Spree werden vorhandene Straßen erweitert und neue eingefügt, so daß eine Bebauung der Flächen möglich ist. Vom Frankfurter Tor zieht sich ein Grünzug bis zu einem hippodromartigen

Platz nach Süden; nach Westen setzt sich die Allee fort, um hinter einem Rondell bis zur Spree abzuknicken. Der Plan wurde nicht ausgeführt.

Planslg. Nr. 5464

Lit. zu Nr. 49
Lenné-Nachl. 15 g Vol I. fol. 128–130

Schlächterwiese, Hasenheide
Tempelhofer und Schöneberger Feldmark

Die großen Stadtplanungen des zweiten Viertels des 19. Jahrhunderts bezogen von vornherein im Süden der Stadt die Gegend von der Hasenheide bis nach Charlottenburg jenseits des Landwehrkanals mit ein. Ihr Zentrum lag hier in der Bebauung des Tempelhofer und Schöneberger Feldes zu Füßen des Kreuzberges und der an ihn anschließenden Höhen. Das ist jedoch das Gebiet, wo sich die Güterbahnhöfe der Potsdamer und der Anhaltischen Bahn ansiedelten. Daraus entstand ein Konflikt, in dem der Stadtplaner Lenné von vornherein der Unterlegene war. Die wachsende Industrie und die Versorgung der zunehmend größeren Bevölkerungszahlen fielen zu schwer ins Gewicht gegen die Wünsche nach Schönheit und Stadtgrün.
1844 arbeitet Lenné an Planungen für diesen Stadtteil. Sein wesentliches Element sollte eine sich von Ost nach West durchziehende Verkehrsverbindung sein, die als Boulevard mit zwei Baumreihen auf jeder Seite gestaltet wurde und durch begrünte Flächen unterbrochen war. Diese Anlage hatte ihr Zentrum am Wahlstattplatz, fast genau in der Mitte der beiden späteren Schienenstränge.
Am 7. Mai 1856 wurde mitgeteilt, daß Friedrich Wilhelm IV. die Pläne genehmigt hatte. Ihre Veröffentlichung wird jedoch unter Hinweis auf die Notwendigkeit, Terrain für die Güterbahnhöfe reserviert zu halten, vom Ministerium für Handel, Gewerbe und öffentliche Arbeiten abgelehnt. Am 9. 1. 1857 wird Lenné mitgeteilt, daß der Bebauungsplan wegen der Zunahme des Güterverkehrs geändert werden muß. Schließlich fand

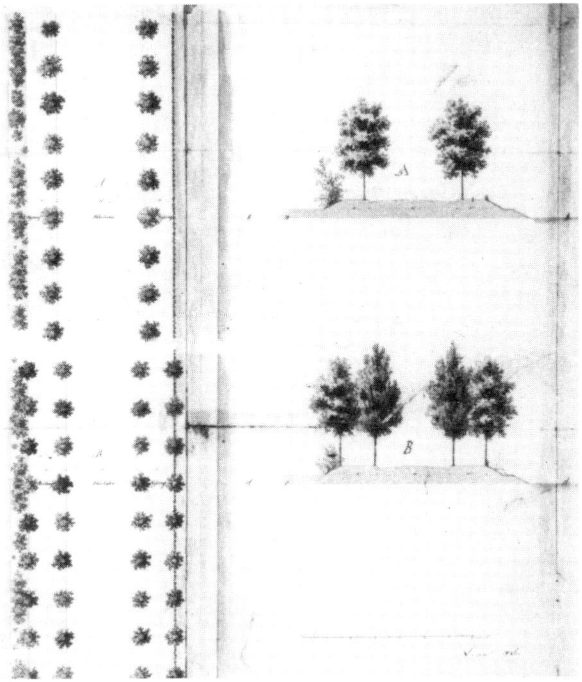

45

am 2. 2. 1857 eine Besprechung aller Beteiligten auf dem Potsdamer Bahnhof statt, bei der Lenné eine Skizze für Abänderung des Bebauungsplanes vorlegte, von der er meinte, daß sie sowohl den Bedürfnissen der Eisenbahn als auch der Schönheit der Straßenführung Rechnung tragen könnte. Es wurde aber im weiteren keine Einigung erzielt, obwohl Lenné eine Umgehung der Bahn vorschlug.
Die Bebauung des Geländes zog sich dann noch lange hin. Erst nach dem Tode Lennés schritt sie voran, zu einer Zeit, als nur noch die Ausnutzung des Baugrundes eine Rolle spielte und der Versuch, ästhetische Prinzipien und Fragen der Gesunderhaltung der Bevölkerung bei der Bebauung Berlins Gewicht zu verleihen, am Profitstreben gescheitert war.

50
Hasenheide 1828

„Plan von der Hasenheide bei Berlin zur Regulierung der Grenzen aufgen: von Passow 1828."
Plangrenzen: Hasenheide mit den Gemarkungsgrenzen Tempelhof und Rixdorf
Signiert: „aufgen. von Passow 1828."
Feder in grau, Umrandung in rot, grau, grün und hellbraun, Gebäude rot, Seidenpapier 35,6 × 43,6 cm
Bezifferter Maßstab in Ruten

Aufnahme des Geländes zum Zwecke der Grenzfestlegungen

Planslg. Nr. 3623

Quellen u. Lit. zu Nr. 50
Lenné-Nachl. 15 e fol. 1–21 (1835–38); Hinz S. 137–138

51
Der Landwehrmann um 1850

„Der Landwehrgraben vom Cottbusser bis zum Hallischen Tore."
Plangrenzen: Cottbusser Tor, Torbecken, Gitschiner Straße, Hallisches Tor, Gitschiner Straße, Cottbusser Tor, Wiesen der Stadt Berlin, Johannistisch, Pionierstraße (Blücherstraße)
Zeichner: Vermessungsrevisor Meyer
Feder in grau, laviert in grün, blau, rosa, hellocker,
Feder in rot auf Seidenpapier 44 × 104,5 cm

Der sehr geschwungen verlaufende Landwehrgraben wird am Wassertor nach Süden verschoben und zwischen Cottbuser Brücke und Hallischem Tor in einen ganz sanft geführten Bogen der Schiffahrtsnutzung angepaßt.
Nördlich des Landwehrkanals entstehen folgende Straßen neu: Cottbusser Straße, Admiralstraße, Britzer Straße, die Anlagen um das Wassertor, Prinzenstraße; südlich des Kanals der Uferplan und die Bärwaldstraße. Der Plan ist gesüdet.
Die Begradigung des Landwehrgrabens wurde so ausgeführt.

Planslg. Nr. 7387

52
Urban-Schlächterwiesen um 1855

„Plangrenzen: Landwehrkanal, Belle-Alliance-Platz, Cottbusser Damm, Hasenheide, Pionierübungsplatz, Kreuzberg, späteres Gelände des Anhalter Bahnhofes
Zeichner: Vermessungsrevisor Meyer
Feder in grau, laviert in grün, blau, rosa, hellocker, Einbesserungen in Bleistift, auf Seidenpapier 59,3 × 83,7 cm

Die eindrucksvolle Wasserachse im Köpenicker Feld vom Engelbecken – Oranienplatz – Wassertor wird nach Süden, nach den sogenannten Schlächterwiesen fortgesetzt und öffnet sich zu einem langgestreckten, mit Grünflächen betonten Freiraum, der mit einer Kirche (Melanchthonkirche 1906 von Armin Kröger) bebaut werden sollte, und dicht von Bäumen eingefaßt geplant worden war.
Als Allee setzt sich die Straße dann bis zum Kaiser-Friedrich-Platz mit der Zweiten Garnisonkirche fort. Östlich und westlich der verlängerten Wasserachse „Am Urban", der Grimmstraße und Bärwaldstraße, erweitern sich die Straßen zu langgestreckten Plätzen, vierreihig mit Bäumen bepflanzt. Deren südliche, platzartige Erweiterungen nehmen die Urbanstraße auf, während die nördliche, untergeordnete Dieffenbachstraße am Hohenstaufenplatz, vor dem Cottbusser Damm, in einem stark bepflanzten Freiraum aufgefangen wird. Dieser Teil der Planung wurde ausgeführt, nachdem er in den Hobrechtplan übernommen worden war.
Der Kaiser-Friedrich-Platz ist der Ausgangspunkt der breiten, mit vier Baumreihen bepflanzten Allee (Gneisenaustraße – Yorkstraße), die nach Westen führt und dann von der Belle-Alliance-Straße gekreuzt wird. Damit ist ein städtebaulich und städtehygienisch ganz großartiger Grünzug begründet, der westlich der Belle-Alliance-Straße mit dem Wartenbergplatz und dem Wahlstattplatz eine weite Raumöffnung erfährt. Die Fortsetzung verläuft dann in der Bülowstraße, Kleiststraße und Tauentzienstraße; räumlich unterbrochen vom Dennewitzplatz, Nollendorfplatz und Wittenbergplatz. Damit war nach Westen ein markanter Straßenzug abgesteckt, der die weitere Erschließung des Geländes ermöglichte.
Auch diese großartige Lösung wurde von Hobrecht übernommen, aber infolge Ausbau der Eisenbahnanlage vom Anhalter und Potsdamer Bahnhof nicht ausgeführt, sondern durch das südliche Abknicken der Yorkstraße überbrückt.

E. Biermann 1846
Das Krankenhaus Bethanien mit dem Luisenstädtischen Kanal

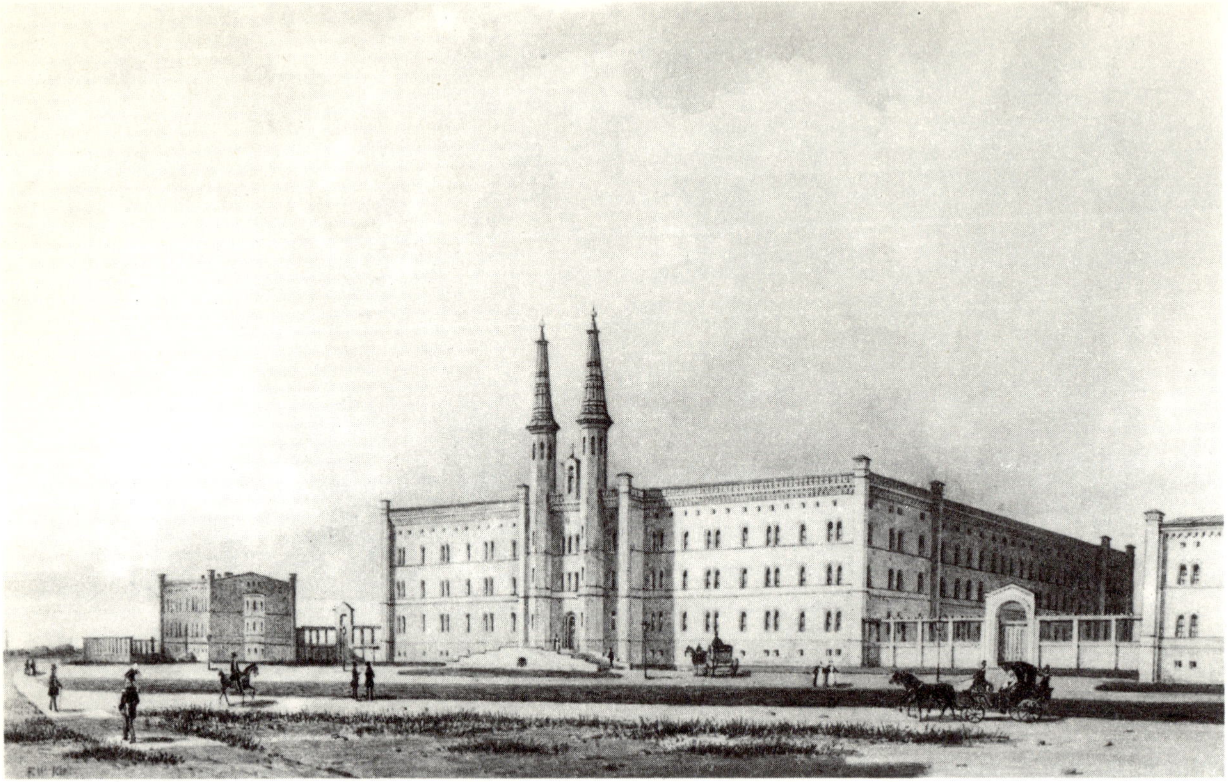

F. W. Klose um 1850
Das Krankenhaus Bethanien am Mariannenplatz vor der Gestaltung des Platzes durch P. J. Lenné

Die Fluren zwischen Hasenheide und dem Kreuzberg-Monument sind nicht außer acht gelassen, aber noch nicht bearbeitet.
Der Plan ist gesüdet.

Planslg. Nr. 7386

Quellen zu 51–52
Lenné – Nachl. 15 g Vol. II, fol. 224–228, 260–261, 264; 1853–1855

53 Abb.
Schoeneberg 1849

„A. Situation von dem neben dem Hafen an der Schoeneberger Straße belegenen Marktplatz"
Plangrenzen: Schiffahrtskanal, Berlin-Potsdam-Magdeburger Eisenbahn
Zeichner: Koeber
Bezifferter Maßstab in Ruten. Der Plan ist gesüdet
Feder in grau und blau, laviert in rosa, blau und grün. Schwarz umrandet 36,4 × 40 cm

Der neben der Eisenbahn liegende Hafen des Schifffahrtskanals ist von einer freien, zum Abhalten des Marktes vorgesehenenen Fläche umgeben, mit einer doppelten Baumreihe eingefaßt. Die zwischen den zwei Bahnlinien (Berlin–Magdeburg und Berlin–Wittenberg) liegenden Bauflächen sind rötlich angelegt, auch Höhenpunkte in den Straßen angegeben.

Planslg. Nr. 5467

Quellen u. Lit. zu Nr. 53
Lenné-Nachl. 15 g vol II fol. 150–151, 154. 1849

54 Abb.
Tempelhofer und Schöneberger Feldmark wohl 1844

„Plangrenzen: Belle-Alliance-Platz – Chaussee nach Cottbus, Feldmark Schöneberg, Potsdamer Chaussee, Hirschelstraße, Stadtmauer mit Anhaltischem Tor
Signiert: „Lenné"
Zeichner: Gustav Meyer
Bezifferter Maßstab in Ruten. Der Plan ist gesüdet
Feder in grau und rot, laviert in grau, blau und rosa, Bleistifteinbesserungen 68 × 53 cm

Die vom Landwehrgraben zum Landwehrkanal (Schiffskanal) ausgebaute Wasserstraße erweitert sich in der Achse Schöneberger Straße – Askanischer Platz zu einer großen rechteckigen Wasserfläche als Hafen – und Umschlagplatz für Eisenbahngüter. Nach Süden schließen sich zwei kleine Grünflächen an, so daß von diesem rechteckigen Platz zehn Straßen abgehen. Die Flächen der Tempelhofer und Schöneberger Feldmark werden mit geradlinig verlaufenden Straßen erschlossen, wobei der in Plan 5468 vorgesehene Grünzug in Form einer einfachen Straße, unterbrochen von drei Plätzen, geplant ist. Ausgehend vom Askanischen Platz wird die Schöneberger Straße axial der durch drei Plätze betonten Ost-West-Straße gleichgestellt, wenn nicht sogar überbewertet. Aus der letzteren soll die spätere Gneisenaustraße, Yorkstraße und Bülowstraße werden.
Die Bebauung südwestlich des Askanischen Platzes ist im wesentlichen abgeschlossen, im südöstlichen Teil werden Straßen vorgesehen, die sich organisch mit denen der Feldmark verbinden.
Der nicht fertig gezeichnete Plan ist wohl eine der ersten Zeichnungen für das Gebiet zwischen Kreuzberg und Schöneberg.

Planslg. Nr. 5466

55
Tempelhofer und Schöneberger Feldmark um 1845

„Plangrenzen: Bendlerstraße, Landwehrkanal, Hallisches Tor, Pionierstraße, Militärfiskus, Kreuzberg, Colonnenstraße, Neu-Schöneberg, Genthiner Straße, Nollendorfstraße
Zeichner: Vermessungsrevisor Meyer
Der Plan ist gesüdet
Feder in grau, laviert in grün, rosa, blau auf Seidenpapier. Römische Zahlen Feder in rot 55,6 × 90,6 cm
„Bemerkung: Arabische Ziffern: Nummern nach dem neuen Bebauungsplanes; Römische Ziffern: Nummern nach dem neuen Bebauungsplane"

Östlich der Belle-Alliance-Straße werden die Friedhöfe von Straßen eingefaßt, wobei die Zossener Straße bis an die Hügel östlich der Kreuzberge führt.
Westlich der Belle-Alliance-Straße folgt bis zur Potsdamer Straße ein Straßensystem, dessen Kern der Wahlstattplatz wird. Die Potsdam-Magdeburger und die Anhaltische Eisenbahn zerschneiden das Gelände und sind mit ihren späteren Erweiterungen die Ursache, daß die eindrucksvolle Straßen- und Platzfolge unter-

brochen und nur mühsam durch das Abknicken der Yorkstraße verbunden wird. Die Anlage des Wahlstattplatzes und dessen Verbindungen bestanden nur kurze Zeit. Infolgedessen wird die Schöneberger Straße mit dem Dennewitzplatz vorherrschend.
Westlich der Potsdamer Straße folgt der Nollendorfplatz, der noch keine unmittelbare Verbindung zum Lützowplatz hat.
Die Bendlerstraße jenseits des Landwehrkanals wird nach Süden fortgesetzt und erschließt mit der westlich folgenden Genthiner Straße die Flächen zwischen Potsdamer Straße, Lützowplatz und Lützowstraße.

Planslg. Nr. 7388

56 Abb.

Tempelhofer und Schöneberger Feldmark wohl 1857/58

Gelände der Berlin-Anhalter und Potsdamer Bahn)
Plangrenzen: Landwehrkanal, Militairstraße (Möckernstraße), Großgörschenstraße, Potsdamer Straße
Zeichner: Vermessungsrevisor Meyer
Feder in grau, laviert in grün, blau, rosa, hellocker auf französischem Transparentpapier 45 × 61 cm

Die Schönberger Straße überquert den Landwehrkanal, der sich nach Norden zu zwei Hafenbecken erweitert. Vom östlichen Becken und dem Landwehrkanal geht ein Stichkanal nach Süden, der von der Brücke der Teltowstraße verengt wird. Offensichtlich sollte dieser – nicht ausgeführte – Kanal der Umschlaghafen für die Eisenbahn sein: die Bedeutung des Industriegeländes nimmt zu.
Um diese Gelände freizuhalten, werden längs der Bahn zwei gleichlaufende Straßen vorgesehen, die platzartig an die Bülowstraße und Yorkstraße angebunden sind. Die Schöneberger Straße verläuft bis zum Dennewitzplatz und nimmt die Kurfürstenstraße und Steglitzer Straße auf, während die geplante Fottwellstraße die Straßen vom Schöneberger Ufer bis zur Lützowstraße auffängt.
Östlich der Gleiskörper wird ein Teil der Militairstraße (Möckerntraße) beibehalten und erweitert, nach Süden fortgeführt und mit einer parallelen Verbindung in Richtung Gewächshaus des Botanischen Gartens an die Potsdamer Straße angeschlossen. Der Wilmersdorfer Weg südlich des Botanischen Gartens wird nach Osten in Richtung Yorkstraße verlängert, so daß Bahn- und Hafengelände mehr oder weniger umgangen werden können.
Eine andere Lösung des Problems, die Güterbahnhöfe zu umgehen, bringt ein 1857 datierter Plan in den Akten im STAP Rep 30 Berlin C Tit. 20 Nr. 624 (1855–1858).

Planslg. Nr. 7389

57 Abb.

Tempelhofer und Schoeneberger Feldmark um 1857

„Coupon aus der vierten Abteilung des Bebauungsplanes für die Umgebung Berlins"
Plangrenzen: Kreuzberg mit dem Nationaldenkmal der Befreiungskriege, Botanischer Garten, Potsdamer Straße, Landwehrkanal, Belle-Alliance-Platz, Chaussee von Cottbus
Zeichner: Vermessungsrevisor Meyer, die Grünanlagen in der Gartendirektion eingezeichnet
Beziffeter Maßstab in Ruten. Wasserzeichen von 1855
Feder in grau, laviert in rosa, grün, blau, gelbbraun. Einbesserungen in Bleistift u. Orangestift 49,7 × 67,9 cm

Die Tempelhofer und Altschöneberger Feldmark sind in nordsüdlicher Richtung von den Straßen nach Potsdam und Cottbus sowie von den Schienenkörpern der Berlin-Anhalter und der Berlin-Potsdam-Magdeburger Eisenbahn durchquert. Ein breiter, mit vier Baumreihen bepflanzter Grünzug durchzieht in Ost-West-Richtung die Feldmark und endet zunächst in der Potsdamer Straße, unterbrochen durch drei Plätze. Später wird aus diesem Grünzug die Gneisenaustraße, Yorkstraße und Bülowstraße, freilich durch Erweiterungen des Eisenbahnkörpers stark beeinträchtigt.
An der Kreuzung der Militairstraße fügt sich ein Rundplatz ein, zwischen den beiden Eisenbahnlinien eine sehr große, regelmäßige Grünanlage in Nord-Südrichtung. Ein sechseckiger, gleichmäßig bepflanzter Platz ist in den Grünzug eingespannt, nach Süden mit zwei Diagonalstraßen an weitere Straßenzüge angeschlossen. Nach Norden folgt eine tiefe, mit Bäumen gerandete Grünfläche, die eine Kirche als Raumabschluß hat. Drei Straßen, getrennt durch ein Schulgebäude, verbinden

Wilhelm Barth um 1805 · Berlin von der Hasenheide gesehen

sie mit dem Tempelhofer Ufer und der Schöneberger Straße.
Nur angedeutet und möglicherweise wegen der Berlin-Potsdamer-Magdeburger Eisenbahn fallen gelassen, ist eine hippodromartige Fläche, von der Schöneberger Straße durchschnitten und nach Süden mit dem breiten Grünzug und dem sechseckigen Platz kurz vor der Potsdamer Straße verbunden.
1859 übernahm James Hobrecht die Stadtplanung von Berlin. Inwieweit er sich dabei mit Lenné einigte, wissen wir nicht. Jedenfalls hat er in seinem Plan der Tempelhofer und Schöneberger Feldmark 1861 die Planung Lennés, wie wir sie hier vorliegen haben, genau übernommen (bei ihm Abt. 3), obwohl sie durch die Entwicklung der Bahnlinien überholt war.

Planslg. Nr. 5468

Quellen u. Lit. zu Nr. 51–57
ZSTAM Lenné-Nachlaß 15 g vol. 11, 15 n
STAP Rep 30 Berlin C Tit 20, Nr. 624, 625, 585
Hinz S. 188–191

Adolph Menzel um 1844
Am Schafgraben, später Landwehrkanal

Plätze und Gärten an öffentlichen Gebäuden

58
Lustgarten 1828

Als Lustgarten wurde noch immer der Platz vor dem 1824–1830 durch Karl Friedrich Schinkel errichteten Museum (jetzt „Altes Museum") bezeichnet. Auch Schinkel hatte 1828 zwei Pläne zur Bepflanzung des Lustgartens gezeichnet (SM 21.C 161 und 162), die aber etwa ein viertel bis ein halbes Jahr nach Lenné's Plan liegen. Schinkels Plan verarbeitet die Anregungen Lenné's, der ihm den „Gartenkünstler Klengel" für die Ausführung empfahl. Sie wurde dann aber von dem Gärtner Fintelmann übernommen, mit dem Schinkel immer unmittelbar verhandelte.

„Project zur Ausschmückung des Lustgartens in Berlin 1828 N° 1"
Plangrenzen: Packhof und ehemaliges Orangeriegebäude, Friedrichsbrücke, Dom, Schloß, Schloßfreiheit, Spree mit der neuen Schloßbrücke
Zeichner: Wohl Klengel
Signiert: „Potsdam im Februar 1828"
Bezifferter Maßstab in Ruten. Wasserzeichen von 1821
Feder in dunkelbraun 60,2 × 48 cm

In der Längsrichtung wird der Lustgarten – auch vor den Bauten an der Ostseite – durch Bäume eingefaßt. Die große, langgestreckte Fläche teilt sich durch eine Querachse zum Dom, westlich nischenartig ausgerundet. Sowohl in der Mitte dieser Art als auch an den Ecken der Flächen werden Plastiken aufgestellt. Die Bepflanzung ist mit sehr großen Büschen, einer Baumreihe an den Längsseiten bis zum Mittelrondell vorgesehen.
Der Plan wurde nicht ausgeführt.

Planslg. Nr. 3570

59
Lustgarten 1828

„Project zur Ausschmückung des Lustgartens in Berlin 1828 N° 2"
Plangrenzen: wie Nr. 3570
Signiert: „1828"
Zeichner: wohl Klengel
Bezifferter Maßstab in Ruten. Wasserzeichen von 1821
Feder in dunkelbraun wenig Bleistift 60,3 × 48,1 cm

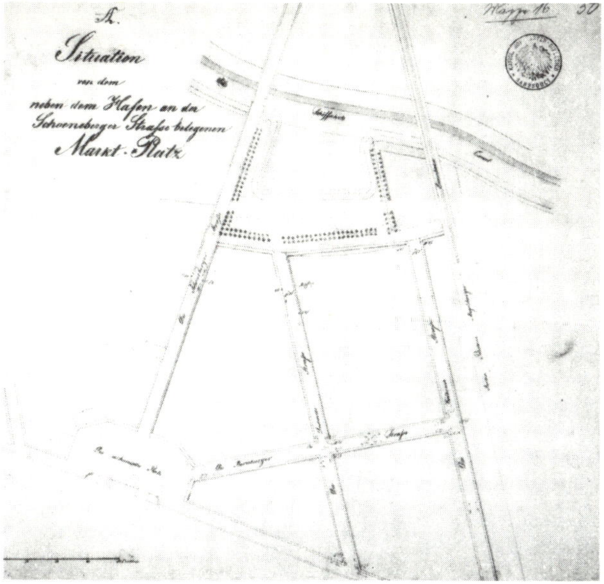

53

Die Längsseiten des Lustgartens sind mit pyramidenförmigen und breitkronigen Bäumen bepflanzt. Eine Längsachse nimmt Bezug auf das Museum eine Querachse auf den Dom, Plastiken sind in den halbkreisförmigen Ausbuchtungen seitlich der Längsachse, in der Mitte der vier Kompartimente und vor dem Schloß vorgesehen. Die kürzeren Teile der Grünflächen haben nur in der Mitte (um die Plastiken), die anderen jeweils an den Enden eine Buschgruppe. Die Randbepflanzung kann entweder als Rand (linke Seite) oder als unterbrochene Pflanzung (rechte Seite) vorgenommen werden. Der Plan wurde im wesentlichen so ausgeführt.

Planslg. Nr. 3571

Quellen u. Lit. zu Nr. 58 u. 59
Lenné-Nachl. Nr. 4 fol. 203, 206, Nr. 15 c fol. 1–29, 1830–37
Hinz S. 135–136
Schinkel-Werk-Rave 1948, S. 106–123
Wendland S. 46–51

60
Schloß 1847

Vor die Nordfront des Schlosses wurde 1842–1845 eine Terrasse gelegt, nur der östliche Teil der Fassade blieb frei. Die Bauleitung hatte Albert Schadow. Man blickte von der Terrasse auf den Lustgarten und das Alte Museum.

„Die Königliche Schloßterrasse in Berlin."
Plangrenzen: Schloßfassade
Sign.: „Bethge. 1847"

54

Unbekannt um 1835 · Berlin vom Kreuzberg aus gesehen

Bezifferter Maßstab in Ruten. Wasserzeichen von 1846
Feder in schwarz, laviert in rosa, blaßblau und verschiedenen Grüntönen, mit schwarzem Ornamentband gerahmt, auf Leinen aufgezogen, mit blauem Seidenband eingefaßt 65,8 × 76,9 cm

Unmittelbar vor die Nordfront des Schlosses wird eine aus verschieden langen Abschnitten bestehende Terrasse angefügt, die zum Lustgarten mit einer erhöhten Balustrade abschließt.
Die Terrassen bestehen aus einem breiten Mittelweg, der von jeder Seite über Stufen zugängig ist, und zwei Grünstreifen. Drei verschiedene Muster gliedern den Mittelweg.
Sowohl zum Schloß als auch zur Balustrade liegen in Grünstreifen rechteckige, zum Teil leicht versenkte und mit einem Teppichmuster überzogene Kompartimente. Die ebenen Kompartimente sind mit zwei pyramidenförmigen und einem schmalkronigen Baum bepflanzt, wobei letzterer leicht erhöht steht. Seitlich der Stufenaufgänge und vor Teilen des Bauwerkes stehen Nadelgehölze.
An der Balustrade und am Schloß ziehen sich Weingehänge hin, die sich auch zum Mittelweg, die Kompartimente begrenzend, senken.

Planslg. Nr. 7425

61 Abb.

Schloßfreiheit 1852

Plangrenzen: Zeughaus, Lustgarten, Schloß, Bauakademie, Münze
Signiert: „Lenné im März 1852"
Zeichner: Gustav Meyer
Bezifferter Maßstab in Rheinischen Fuß. Wasserzeichen von 1850
Feder in grau, laviert in grau, blaßblau, blaugrün 37 × 46,2 cm

Schinkel schrieb in einem Gutachten (SM, nach 1832), das sich mit der Bebauung der Innenstadt befaßt, unter Nr. 3: „Die enge und gefährliche Passage zwischen Schloß und Schleusenbrücke würde in den schönsten Teil der Stadt verwandelt, die Schleusenbrücke würde in der ganzen Breite der neuen Straße angelegt, statt der Mühle stünde ein schönes Kaufhaus da." Mit unserem Plan wird die Idee aufgegriffen: Wandelgänge zwischen einer Säulenarchitektur nehmen das Gelände der Werderschen Mühlen ein. Vorbild dürfte wohl die Passage „Sillems Basar" (1842–1845) am Jungfernsteg in Hamburg gewesen sein. Obwohl es sich um eine Zeichnung Lenné's handelt, ist der gärtnerische Anteil sehr gering. Er beschränkt sich auf zwei Buschgruppen und die Anlage des Schinkelplatzes vor der Bauakademie. Zweifellos haben die städtebaulichen Bestrebungen Lenné's und die Vorstellungen des Königs die Anfertigung des Grundrisses veranlaßt. Zu ihm gehört eine Zeichnung Friedrich Wilhelms IV. (Staatl. Museen Berlin, Handzeichnungssammlung), die erkennen läßt, wie hinter den Säulenhallen das Schloß auftaucht, von dessen Fenstern aus man auf die Anlage blicken sollte.
Die Planungen für die nie ausgeführte Passage zogen sich bis 1855 hin. In diesem Jahr lebten sie wieder auf und man erkundigte sich nach der Rentabilität des Basars in Hamburg. Minister v.d. Heydt rät aber dem König, für den Bau auf politisch ruhigere Zeiten zu warten und empfiehlt die Gründung einer Aktiengesellschaft.

Planslg. Nr. 3572
Lit. zu Nr. 61
Dehio, Ludwig: Friedrich Wilhelm IV. von Preußen. Ein Baukünstler der Romantik. Berlin 1961. S. 53–54, Abb. 40

62

Opernplatz (Bebelplatz) 1843

1843 wurde von der Kgl. Bibliothek um eine gärtnerische Gestaltung des Opernplatzes gebeten, damit die Reiter auf dem sandigen Platz nicht mehr so viel Staub aufwirbeln konnten, der dann in die Bibliotheksräume eindrang. Lenné zeichnete einen Plan, der aber nicht sofort ausgeführt wurde. Nach dem Brande des Opernhauses und seinem Wiederaufbau 1845 hat Langhans, den Plan den neuen Verhältnissen anzupassen, weil jetzt die Seitenfront des Opernhauses zum Platz verändert war. Unser Plan entstand vor dem Brand, wurde dann aber auf die neue Platzbegrenzung bezogen etwa so ausgeführt.

„Plan vom Opern Platz zu Berlin"
Plangrenzen: Bibliothek, Oper, Unter den Linden
Zeichner: Koeber
Bezifferter Maßstab in Ruten
Feder in grau, laviert in grün und rosa 38,5 × 48,9 cm

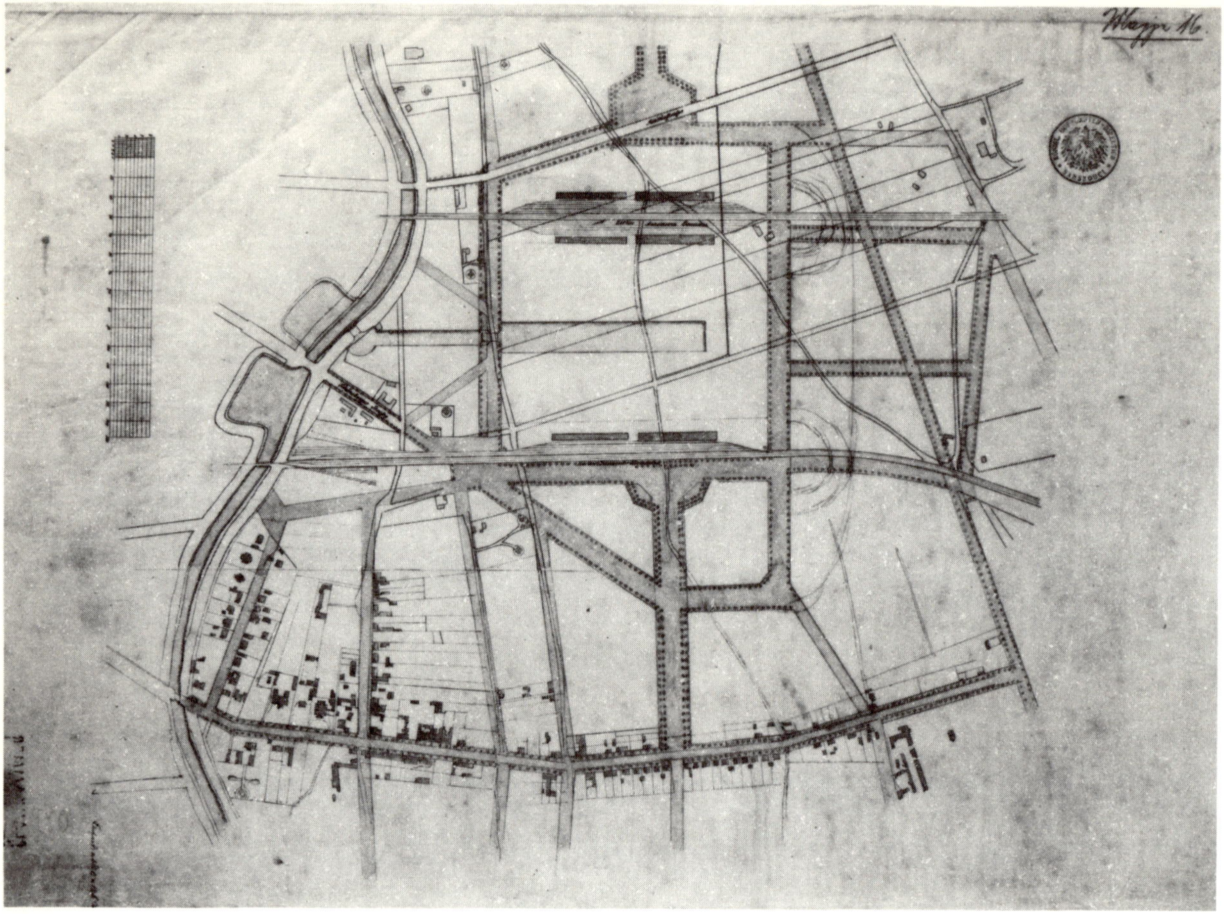

56

Eine Rasenfläche, die von vier Diagonalwegen geteilt wird, füllt den Opernplatz aus. Ein kreisrundes Beet bildet die Mitte, östlich und westlich in Halbkreisen je eine Plastik. Zwei Baumblöcke grenzen die Schmalseiten zur Straße ab.

Planslg. Nr. 3573
Quelle zu Nr. 62
ZSTAM 2.2.1. Nr. 28626, fol. 342–352 (1843–1845)

63
Opernplatz (Bebelplatz) 1853

Plangrenzen: Westseite des Opernplatzes, Bibliothek
Signiert: „Zum Marginal Bericht vom 28. 8. 53 C. Henning"
Zeichner: Henning
Bezifferter Maßstab in Ruten
Feder in grau, grün mit grau und rot laviert
24,3 × 67,2 cm

Vor der Bibliothek zieht sich eine läuferartige, aus drei Teilen bestehende Grünfläche hin. Kern des Mittelstükkes ist ein blütenförmiges Blumenbeet, von sechs Büschen umgeben. Beiderseits folgen lange, von je einem Beet unterbrochene Strauchpflanzungen. Die Endpunkte bilden wiederum blütenartige Teppichbeete.
Die spiegelbildlich gestalteten Endstreifen werden ebenfalls von je drei teppichbeetartigen Blumenpflanzungen belebt, unterbrochen von lockerem Strauchwerk.

Planslg. 7385

Quellen u. Lit. zu Nr. 62 u. 63
Wendland S. 68

64 Abb.
Louisenplatz (Robert-Koch-Platz) 1852

1834–1836 hatte Schinkel das Neue Tor am Louisenplatz errichtet. 1839 zeichnete Lenné einen „Plan für die Bepflanzung des Louisenplatzes" und 1852 einen farbig lavierten „Plan für die Wiederaufschmückung der Plätze am Neuen Tor" (beide ehemals Bau- und Finanzdirektion Berlin). Von dem letzteren mag unser Plan eine Durchzeichnung sein. Die Wiederaufschmückung war notwendig geworden, weil die erste Anlage während der Revolution von 1848 in der Nacht vom 18./19. März zerstört worden war.

„Entwurf für den Louisenplatz am Neuen Thore in Berlin in Betreff dessen Wiederaufschmückung angefertigt durch Lenné im Juni 1852"
Plangrenzen: Invalidenstraße, Louisenplatz
Zeichner: Gustav Meyer
Bezifferter Maßstab in Ruten
Feder in grau, Bleistift auf Seidenpapier 58 × 39,2 cm

Der Platz wird bis auf die hindurchführende Straße von zwei rechteckigen Flächen ausgefüllt, die mit einem geflochtenen Gitter eingefaßt sind. Die äußeren Quadrate sind mit Bändern aus Sträuchern eingefaßt, unterbrochen durch großblättrige Staudenbepflanzung. Hinter dem sog. Neuen Tor wird der breite Zugang zur Invalidenstraße von je vier Baumreihen eingefaßt.

Planslg. Nr. 3577
Quellen u. Lit. zu Nr. 64
ZSTAM 2.2.1. Nr. 28627, fol. 36–42, 7. Nov. 52–26. Sept. 53
Schinkel-Werk-Rave-1948, S. 95–103
Wendland S. 272

65
Charité 1822 und 1834

Die Charité war das erste große Krankenhaus Berlins, das sich seit 1710 in der nordwestlichen Ecke der ummauerten Stadt entwickelte. Zu der damals entstandenen, mehrfach umgebauten und erweiterten „Alten Charité" gehören unsere beiden Gartenpläne, der erste gilt dem Hof und der zweite der äußeren Geländeecke an der Luisenstraße und Schumannstraße.

„Der große Hof der Königlichen Charité"
Plangrenzen: Dreiseitige Umbauung einer Hoffläche, deren vierte von einer Mauer abgeschlossen wird
Zeichner: Graiß? Einbesserungen Lenné
Bezifferter Maßstab in Ruten
Feder in schwarz, Neuplanung in Bleistift 28,4 × 29,4 cm

Die strenge Aufteilung der rechteckigen vier Hofflächen wird zwar im Grundsatz beibehalten, den einzelnen Teilen jedoch eine leicht geschwungene Form gegeben, teilweise auch Buschwerk verwendet. Infolge der Veränderung der Rasenpartien bleibt Raum für Grünflächen am Fuße der Gebäude und für eine Abpflanzung der Mauer, an der fünf Pyramidenpappeln den Mittelweg auffangen. Der Plan wurde in etwas veränderter Form ausgeführt.

Planslg. Nr. 3582

J. Schneider um 1855
An der Potsdamer Eisenbahn zu Berlin.
Blick auf die Rückseite der Potsdamer Straße

J. Schneider um 1855 · Am Schiffahrts-Canal zu Berlin.
Links der Schuppen der Potsdamer Bahn,
in der Mitte der Schöneberger Hafenplatz

57

66

Charité 1834

„Situations Plan des neu anzulegenden Charité Gartens."
Plangrenzen: Charité-Gebäude, Luisenstraße, Schumannstraße, Charitéstraße
Zeichner: Koeber
Bezifferter Maßstab in Fuß
Feder in grau, blaßgrün und rosa laviert, Bleistift, Zahlen Feder in rot
51,7 × 62,4 cm

Es handelt sich um einen Bepflanzungsplan. Der eigentliche Plan befindet sich im Archiv der Humboldt-Universität Berlin.
Zwei verschieden große geschwungene Flächen füllen den Charitégarten aus; zwischen den Rundwegen und der Straße liegt eine dichte Abpflanzung.
In Ziffern ist die vorgesehene Bepflanzung in Gruppen,

Hainen und Einzelbäumen eingetragen. Spitzahorn, Birken, Pappeln, Obstbäume und -sträucher werden namentlich genannt (Bleistifteintragung). Die Erläuterungen zu den Ziffern befinden sich im Lenné-Nachlaß. Als das Krankenhaus-Kuratorium am 7. März 1834 für den Plan dankt, teilt es gleichzeitig mit, daß es den Gartenkünstler Eyserbeck mit der Ausführung beauftragt hat (siehe Nr. 101). Der Plan wurde ausgeführt.

Planslg. Nr. 3583
Quellen u. Lit. zu Nr. 65 u. 66
Lenné-Nach. 15 d, fol. 1–17 1833/34
Hinz S. 136
Wendland S. 270–271
Gandert, Klaus Dietrich: Die geschichtliche Entwicklung der Gartenanlagen der Charité.
In: Wiss. Zeitschr. d. Univ. Berlin
Math. – nat. Reihe 36. 1987, S. 27–39

67
Belle-Alliance-Platz (Mehring-Platz) 1863

Plangrenzen: Rand des Belle-Alliance-Platzes mit Einmündung der Wilhelm-, Friedrich- und Lindenstraße
Signiert: „C. Henning (Thiergarten) 8/3.63"
Beziffeter Maßstab in Ruten. Wasserzeichen von 1846
Feder in grau, laviert in grün, grünblau, blau, bräunlich, rosa 43,2 × 54,4 cm

Um ein zentrales Wasserbecken legen sich zwei halbkreisförmige Rasenflächen, deren Rand gleichmäßig mit kleineren Gehölzen besetzt ist. Gehölzgruppen unterschiedlicher Größe betonen die Verlängerung der Friedrichstraße.

Planslg. Nr. 3578
Quellen u. Lit. zu Nr. 67
Wendland S. 109–110

68
Dönhoff-Platz 1845

„Situations-Plan des Dönhof-platzes zu Berlin 1845"
Plangrenzen: Leipziger Straße, Commandantenstraße, Krausenstraße, Jerusalemer Straße
Zeichner: Koeber
Beziffeter Maßstab in Ruten. Wasserzeichen von 1841
Feder in grau und rot, laviert in grau, braun, grün, rot 39,1 × 50,1 cm

Situation des Dönhoff-Platzes, der an drei Seiten von einer doppelten Baumreihe umgeben ist.

Planslg. Nr. 3579

69
Dönhoff-Platz 1853

„Dönhofs-Platz in Berlin"
Signiert: „Juli 1853"
Zeichner: Koeber
Beziffeter Maßstab in Rheinischen Fuß
Feder in blau und Bleistift, Seidenpapier 26,5 × 38,6 cm

Die Freifläche vor einem projektierten, langgestreckten Gebäude (Markthalle?) wird entsprechend der zweireihigen Straßen-Baumpflanzung so aufgestellt, daß axsial vor dem Gebäude zwei Rundbeete (Brunnen?) eingeordnet sind. Baumreihen, zwischen denen je ein kleiner Brunnen liegt, betonen das Ende der Seitenflügel. Infolge des Raummangels können die Baumreihen wegen der Straßenführung (Commandantenstraße) nicht gleichmäßig ausgebildet werden.

Planslg. Nr. 3580
Lit. zu Nr. 68 u. 69
Wendland S. 107–108

70 Abb.
Leipziger Platz 1828

1823/24 hatte Schinkel die Potsdamer Torhäuser erbaut. Dabei hatte er in einem Plan von 1823 schon eine einfache Gestaltung des Leipziger Platzes mit Statuen vorgeschlagen (SM 45 c, 62). Schinkels Plan wurde vom König verworfen. Danach erhielt Lenné den Auftrag und reichte 1824 zwei Entwürfe ein, deren Verbleib nicht bekannt ist. Dagegen haben wir die zwei Pläne aus dem Jahre 1828, die Kopien der Pläne von 1824 sein werden. Sie stehen in Zusammenhang mit der Zahlung der kgl. Schatulle für den Leipziger Platz, die erst 1828 geschah.

„Leipziger Platz"
Plangrenzen: Randbebauung des Leipziger Platzes mit Torhäusern und Vorplatz zur Leipziger Straße
Signiert: „Lenné 1828"
Zeichner: Graiß
Beziffeter Maßstab in Rheinischen Ruten. Wasserzeichen von 1826
Feder in grau und schwarz, Bleistift 50,4 × 38,2 cm

Jede Platzhälfte ist mit einem Zaun eingefaßt, in dessen äußeren vier Einbuchtungen eine Laterne, von zwei Bäumen und etwas Strauchwerk benachbart, steht. Je eine weitere, fast halbkreisförmige Einbuchtung liegt in

Unbekannt um 1835

Unbekannt um 1850 · Der Opernplatz mit Blick auf die Universität

der Mitte des Platzes, von drei Bäumen betont. Gehölzgruppen, eine große in der Mitte, zwei kleinere zum Rande gelegen, füllen die Fläche, Kleineres Strauchwerk verteilt sich entlang des Randes. Die sich vor dem Potsdamer Tor erweiternde Fläche wird von je vier Bäumen eingerahmt.
Bleistifteinzeichnungen lassen eine geplante Wegeführung erkennen, die vom Rande her die Rasenfläche erschließt und um die Gehölzgruppen herumführt.

Planslg. Nr. 3574

71

Leipziger Platz 1828

„Plan des Leipziger Platzes zu Berlin"
Plangrenzen: Wie Nr. 3574
Signiert: „gez. von Graiß"
Bezifferter Maßstab in Rheinischen Fuß
Feder in grau, Bäume grün laviert 50,6 × 37,6 cm

Bis auf wenige Ausnahmen gleicht der Plan dem vorangegangenen: die Einzäunung des Platzes ist entfallen, dafür werden, entlang des Randes regelmäßig verteilt, streng kegelförmige Bäume (Eichen oder Pappeln) vorgesehen.
Der Plan wurde ausgeführt.

Planslg. Nr. 3575

Quellen u. Lit. zu Nr. 70 u. 71
STAM 2.2.1. Nr. 28581 ehemals Rep 89 B Geh. Zivilk. Tit. VII Landbausachen Nr. 84, 10: Bau des Potsdamer Tors und Verschönerung des Leipziger Platzes, 1822–1828
Hinz S. 129–130
Schinkel-Werk-Rave-1948, S. 88–95, 129–133
Wendland S. 92–93

Privatgärten

72 Abb.

Bülow'scher, später Schickler'scher Garten am Tiergarten 1818

Der Garten Bülow lag zwischen der Charlottenbruger Chaussee und der Spree auf dem Gelände der ehemaligen Wulffschen Kattunbleiche. Auf einer Zeichnung von Siebecke von 1821 im Stadtarchiv Berlin ist noch der

F. W. Klose um 1855
Der Mühlgraben mit dem Blick auf den Ort der geplanten Passage

alte Bleichplatz und die Gartenanlage des 18. Jahrhunderts zu sehen. Dieses Aufmaß diente wohl als Unterlage für die nach dem Plan von Lenné durchgeführte Neuanlage des Gartens.
Der Staatsminister Graf Bülow führte lange Verhandlungen wegen Überlassung zweier kleiner Parzellen

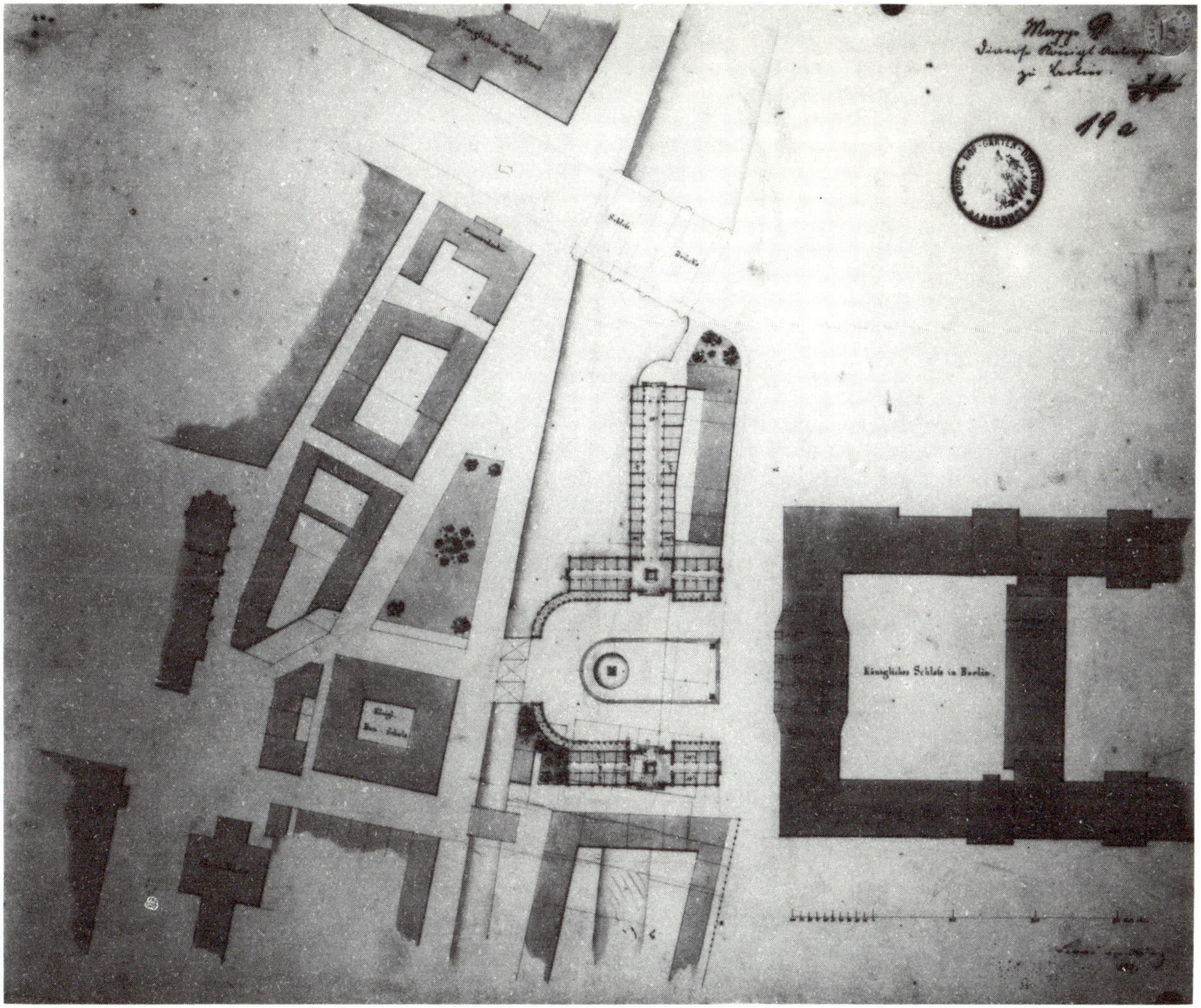

61

vom Tiergarten, um den Garten nach Osten und Süden abzurunden. Im Westen begrenzte ihn das Gelände der Porzellanmanufaktur, unten im Osten der Garten Gräfe (Nr. 80/81). Später lag hier die Straße „Siegmundhof“, die zum Bahnhof Tiergarten führte.
Schon 1823 ging Haus und Garten an den Bankier Schickler über. Auf den Stadtplänen der Zeit um 1840 ist er immer eingezeichnet.

„Bülows Garten im Thiergarten den 10ten Sept. 18“
Plangrenzen: Spree, „nach dem Tröde! Damm“, Grundstücksgrenzen
Zeichner: Lenné, eigenhändig
Bleistift 75,8 × 55 cm

Die Gartenfläche teilt sich in eine südliche Nutzfläche und einen nördlich gelegenen, parkartigen Teil, der sich aus vier größeren, im Umriß sehr bewegten Flächen zusammensetzt. Vom Wohnhaus führt eine Sicht über Rasenflächen bis zum an der Spree liegenden Gartenhaus, eine weitere nordöstlich über einen kleinen Teich, an einem Hügel vorbei in die „Wilmersdorfer und Lützower Wiesen“. In der westlichen Achse des Hauses steht eine Plastik, in der östlichen ein versteckter Gartensitz; nordwestlich ein kurzes Stück Allee, das bei der Planung offensichtlich schon vorhanden war.
Der umfangreiche südliche Teil besteht aus vier, fast regelmäßigen Nutzflächen. Der östlich daran vorbeiführende Weg zum Wohnhaus ist beiderseits dicht abgepflanzt, nur die das Wirtschaftsgebäude umgebende Fläche bleibt bis auf ein ovales Zierstück mit Plastik oder Vase frei.

Planslg. Nr. 3621
Quellen zu Nr. 72
StAP Rep 30 Berlin B Tit 40 Nr. 183 Acta wegen Regulierung und Revision der Grenzen des im Tiergarten belegenen ... die sog. Kattunbleiche 1808/21.
Lenné-Nachl. Nr. 4, fol. 53, 54, 84

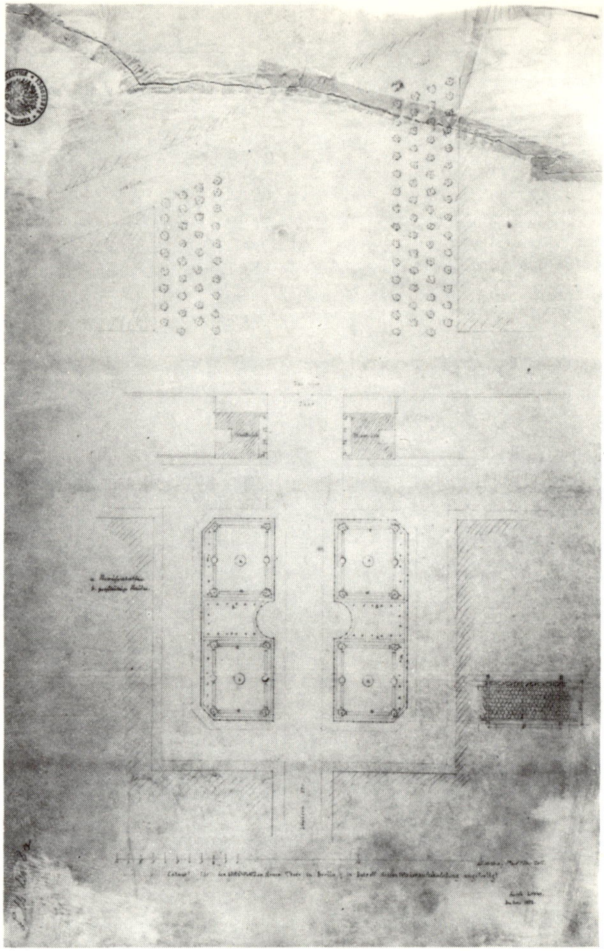
64

73
Garten des Ansbachischen Palais 1820
dann Garten des Prinzen Albrecht.
Wilhelmstr. 102

1829 wurde beschlossen, daß dem Prinzen Albrecht von Preußen für seine eigene Hofhaltung der Barockbau des Ansbachischen Palais zur Verfügung gestellt werden sollte. 1830–1832 wurde das Palais von Karl Friedrich Schinkel zu diesem Zweck umgebaut.
Schon 1820 hatte Lenné einen Gartenplan gezeichnet, der offenkundig im Zusammenhang mit Arbeiten an dem benachbarten Garten des Kriegsministers entstanden war. Damals wurden auch schon Gartenarbeiten durchgeführt. Prinz Albrecht hat dann noch benach-

barte Teilgrundstücke zugekauft, so daß Lenné 1830 an eine neue, grundlegende Planung des Gartens gehen konnte. Über die Zusammenarbeit mit Schinkel wissen wir nichts, können sie aber voraussetzen.

„Palais und Garten des Prinzen Albrecht zu Berlin"
Plangrenzen: Grundstücksgrenzen
Signiert: „Lenné fecit 1820", eigenhändig
Bezifferter Maßstab in Ruten
Feder in grau, laviert in grün bis gelb, grau, rosa
41,9 × 29,8 cm

Im Anschluß an den baulich reichgegliederten Vorhof des Palais erweitert sich das Grundstück trichterförmig, wobei der äußerste Teil – hinter dichter Abpflanzung – einen von Obstbäumen gegliederten Nutzgarten aufnimmt. Leicht geschwungene Wege führen entlang der dicht abgepflanzten Grundstücksgrenzen. Nebenwege zerteilen die Gartenfläche in drei fast ovale Rasenstücke, die mit Strauchwerk und Bäumen besetzt sind. Nur unmittelbar am Gebäude liegen zwei kleine Zierbeete. Zwei Durchsichten gehen vom Palais durch den Garten, die den dichten Rand sowie die feste Mittelpflanzung verursachen.

Planslg. Nr. 3624

74

Garten des Prinzen Albrecht 1829

„Palais und Garten Sr. K. H. des Prinz Albrecht"
Plangrenzen: Schmales Grundstück an der Westseite der südlichen Wilhelmstraße, gegenüber Kochstraße
Signiert: „f GK. 29"
Zeichner: Gerhard Koeber
Bezifferter Maßstab in Ruten. Wasserzeichen von 1826
Feder in grau, laviert in grün und grau, ocker; Nutzgarten grau, Gebäude rosa 63,2 × 43 cm

Der Plan wurde offensichtlich als Bestandsplan – nach den Lennéschen Veränderungen von 1820 vor der Übernahme des Grundstücks durch den Prinzen Albrecht – angefertigt und diente als Grundlage für den wundervollen geistreichen Lenné-Plan von 1830.
Demnach war der Lenné-Plan von 1820 ausgeführt worden, der den von Hinz (S. 128) erwähnten Teich jedoch ebensowenig zeigt wie dieser Plan von 1829. Eine dichte Randbepflanzung bis auf einen Durchblick nach Norden faßt den Garten ein dessen Innenraum von einer langgestreckten Wiese gefüllt wird. Nach Westen teilt sich der Tiefenzug durch eine kräftige Pflanzung: leicht südlich zu einem Hügel, nördlich etwas verlängert von einer dichten Abpflanzung aufgefangen, die einen sechsteiligen Nutzgarten dem Blick entzieht.

Planslg. Nr. 3625

75

Garten des Prinzen Albrecht, wohl 1829

„Nivellements Plan zum Gart. d. Pr. Albrecht v. Pr. in Berlin ehem. Ansbach. Pal. Garten"
Signiert: „fec. G. Koeber"
Bezifferter Maßstab in Ruten und Fuß. Wasserzeichen von 1818
Feder in grau, grün und rot 49 × 70,7 cm

Drei Schnitte, die das abfallende Gelände deutlich machen.

76 Abb.

Garten des Prinzen Albrecht 1830

„Verschönerungs-Plan zum Garten beim Palais Sr: K: H. des Prinzen Albrecht zu Berlin"
Plangrenzen: Wie Nr. 3625 und Grundstückserweiterung nach Süden
Signiert: „Lenné 1830" „Gez. A. G. Klengel. 1830"
Bezifferter Maßstab in Fuß
Feder in schwarz, laviert in grün bis gelb, z.T. rot gehöht, hellocker, gelb, blaugrün, rosa. Mit schwarzem Doppelstrich gerahmt
79,8 × 55,4 cm
Oben nach Wasserschaden um 1955 beschnitten

Die Vorfahrt in Form eines gestreckten Hufeisens faßt eine Rasenfläche ein, deren Mitte und Treppenfuß Blumenpflanzungen und Blütensträucher betonen. Auch die Zwickel zwischen Vorfahrt und Gebäude sind gleichermaßen gefüllt.
Vor dem Gebäude fängt eine halbkreisartig vorgezogene Terrasse über einem sich senkenden Rasengrün drei Blickachsen des Gartens auf: eine südwestliche, von Blütensträuchern gerahmt; eine westliche, die über einen regelmäßigen Rosengarten zu einem Hügel führt, überhöht von einem luftigen graublauen Zelt, etwa 9 m Durchmesser; eine nordwestliche, die am mit neugotischem Zinnenkranz versehenen Marstall endet.
Weit über den Garten hinaus reicht die „Aussicht nach dem Kreuzberg" mit dem 20 m hohen Nationaldenkmal

Karl Friedrich Schinkel 1832 · Der Luisenplatz mit dem Neuen Tor

Finden nach Stock 1838 · Die Charité

H. Hintze um 1850
Der Belle-Alliance-Platz mit Blick in die Friedrich- und die Lindenstraße

für die Befreiungskriege, das nach Schinkels Entwurf 1821 in Gußeisen ausgeführt wurde.
Die Fläche vor dem Gebäude ist wie ein Pleasureground ausgestattet. Kübelpflanzen, Blumenbeete und Blütensträucher ordnen sich sowohl zum Haus als auch zum südlich abschließenden Conservatorium. Eine Terrasse davor und zwei lichte Lauben bilden den Übergang zum Blumensalon an der Südseite des Hauses. Hier wie am Conservatorium setzen sich reiche Blumenpflanzungen, meist in regelmäßiger Form, fort. Die Wegeführung leitet an einem Baum mit einer runden Sitzbank vorbei zu einer Statue, die sich ebenso wie der Blütenflor in einem Teich spiegelt. Ein breiter Wassergraben, von einer Brücke überspannt, zieht sich entlang der Südgrenze. Etwa in der Mitte dieses Weges lenkt eine Exedra, wieder mit einem bunten Velarium überspannt, den Blick quer durch den Garten über ein Aha zum Palais des Kriegsministers.
Der westliche Teil der Anlage wird vom Küchengarten (vier Quartiere, von Obstbäumen eingefaßt) und den großen Stallungen ausgefüllt, wobei der Zugang als Ökonomieweg entlang der Nordseite des Gartens verläuft.

Ein zweiter Entwurf für den Pleasureground am Haus (als Klappe aufgeklebt) vereinfacht den ersten Entwurf; vom Teich durch einen Weg getrennt, ein runder, sich um eine Plastik ordnender Blumengarten. Von zwei Zelten, gemeint sind heitere Gartenschirme, läßt sich auch die nach Norden fortgeführte Blumenpracht bewundern, einem bei Lenné höchst seltenen Motiv.
Spätere Eintragungen mit Bleistift oder Reißfeder deuten auf Veränderungen an den beiden Zelten, in der südöstlichen Gartenecke (Maschinenhaus?) und im Küchengarten (Reitbahn).
Dieser mit viel Liebe und überschäumender Phantasie erdachte Plan wurde nur in Teilen ausgeführt.

Planslg. Nr. 3626

77

Garten des Prinzen Albrecht um 1831

„Project vom Anspachschen Palais Garten – Theil beim Schlosse“
Plangrenzen: Gartenpartie am Palais
Zeichner: Klengel
Bleistift auf Seidenpapier 29,5 bzw. 24,6 × 47,2 cm

Unmittelbar an die Gartenfront des Palais schließt sich eine regelmäßige Zieranlage an. Die seitlichen Ab-

schnitte sind durch reiche Teppichbeete geschmückt, die mittlere Anlage mit einer Fontaine im Gegensatz dazu in ganz schlichten Formen gehalten. Nur die Ränder, die einen Höhenunterschied erkennen lassen, werden von Einzelpflanzen betont.
Die Zeichnung zeigt die im Plan von Groebenschütz (Planslg. Nr. 7391) festgehaltene ausgeführte Form der Terrasse.

Planslg. Nr. 3628

78
Garten des Prinzen Albrecht um 1831

„Parthie aus dem Anspachschen Palais Garten"
Plangrenzen: Wintergarten am Palais
Zeichner: Lenné eigenhändig, Beschriftung Klengel
Bleistift, Seidenpapier 38,8 × 25 cm

Vor dem halbrunden Abschluß des Wintergartens und seitlich davor herunterführenden Treppen liegt eine Gehölzpflanzung, an die sich ein Weg anschließt.
Die Zeichnung ist eine Vorzeichnung für Planslg. Nr. 7391

Planslg. Nr. 3629

79
Garten des Prinzen Albrecht 1835

„Plan des Gartens Sr. Königl. Hoheit des Prinzen Albrecht von Preußen zu Berlin"
Plangrenzen: Wie Nr. 3625 und Grundstückserweiterung nach Süden
Signiert: „Aufgenommen und gezeichnet von B. Groebenschütz 1835"
Bezifferter Maßstab in Fuß. Wasserzeichen von 1833
Feder in schwarz, grün und braun, sowie grau, rosa, blau laviert 63,7 × 43,9 cm

Zustandsplan nach den Ausführungen der Lennéschen Planungen von 1830.
Die einzelnen Ökonomiegebäude sind untereinander verbunden und setzen sich mit dem Wintergarten bis an das Wohngebäude fort.
Der pleasuregroundartige Hang vor dem Wohngebäude ist mit Fontaine und Treppen, straff gezogenen Hecken um zwei sternartige Blumenbeete wesentlich strenger als im ursprünglichen Entwurf.
Die Wegeführung läßt den wohligen Schwung des Entwurfes kaum spüren, ist auch geringfügig vereinfacht.

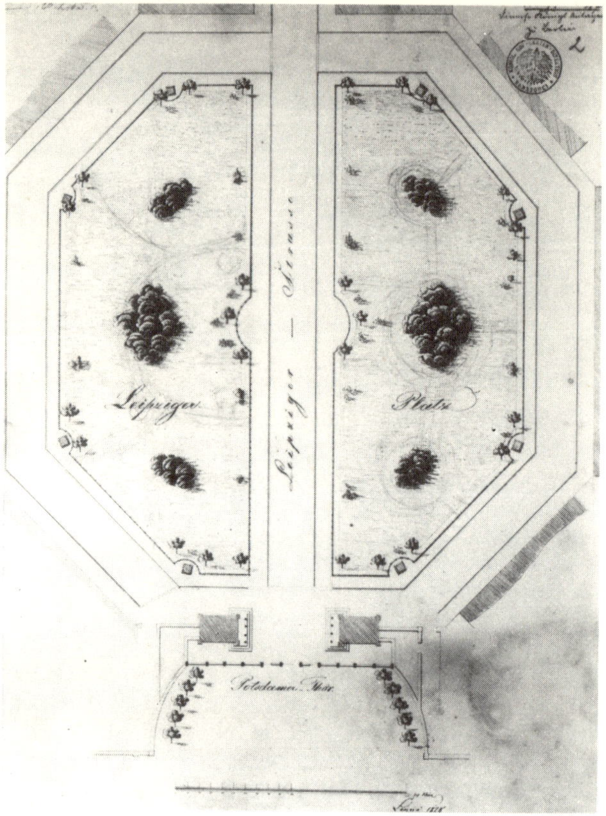

70

Die Baumpflanzungen sind schütterer, verdecken aber den großen Marstall und die zusätzliche Halle. Infolgedessen mußte der Wirtschaftsgarten östlich bis zum kleinen Hügel verschoben werden, vor dem eine kleine Rebpflanzung die Sonne auffängt.
Die Nord- und Südseite sind dicht abgepflanzt und verstärken die Raumwirkung des Gartens.
Der Teich hat eine andere Form als im Projekt erhalten, liegt jedoch in der vom Wintergarten ausgehenden Sicht

Eduard Barth um 1830 · Der Leipziger Platz
Rechts mit Freitreppe Nr. 11, Haus Borstel

und ordnet sich gleichzeitig dem ganz regelmäßig angelegten Blumengarten zu, der mit der Front des Wintergartens eine Einheit bildet.

Planslg. Nr. 7391

Quellen u. Lit. zu Nr. 73–79
Lenné-Nachl. 15 a, b
Hinz S. 128
Schinkel-Werk-Sievers 1954, S. 118–226
Wendland S. 96–103

80
Garten Graefe am Tiergarten um 1824

Das Grundstück liegt am Rande des Tiergartens, nördlich der Charlottenburger Chaussee, später wurde es von der Händelstraße begrenzt.
Der Generalstabsarzt Karl Ferdinand v. Graefe, der Vater des berühmten Augenarztes, hatte das Grundstück vor den Toren der Stadt 1824 erworben. Sein Haus, die Villa Finkenherd, ließ er von Schinkel erbauen, Lenné betraute er mit der Anlage des Gartens. Lenné hat den Garten, wie auch den anschließenden Garten Bülow (Nr. 72) als zur Tiergartengestaltung zugehörig betrachtet. Auf dem Tiergartenplan von 1832 (Nr. 2) hat er den Garten dazu gezeichnet.

„Plan eines Stücks von 14 m 12 IR von dem, im Thiergarten am Poetensteige belegenen Elsbruch u. der ehemal. Hofjaeger-Dienst-Wiese"
Plangrenzen: Wilmersdorfer und Lützower Wiesen, Entwässerungsgraben, Poetensteig oder Judenallee nördlich der Allee nach Charlottenburg, Weg zum Treideldamm am Schicklerschen Grundstück
Zeichner: unbekannt
Bezifferter Maßstab in Ruten
Feder in grau, grün, sonst gelb und rot laviert 35,4 × 58,4 cm

Im feuchten Wiesengelände ist ein Grundstück mit Wohnungen ausgespart, zu dem noch zwei weitere Gebäude, etwas nördlich gelegen, gehören.

Planslg. Nr. 7392

81 Abb.
Garten Graefe am Tiergarten um 1824

„Plan eines Stücks von 14 rm IR von dem in dem Königlichen Thiergarten am Poeten Steige belegenen Elsbruche und den ehemal. Hofjaeg. Dienst Wiese"
Plangrenzen: „Wilmersdorffer und Lützower Wiesen", Graben zur Spree, Judenallee oder Poeten Steig
Signiert: „aufgenomm. v.: Passow"
Bleistifteinzeichnungen eigenhändig Lenné
Bezifferter Maßstab in Rheinischen Ruten
Feder in grau, Bleistift, laviert in blau, gelblich, rot 41,4 × 64,5 cm

In ein rein technisches Aufmaß sind Wohn- und Wirtschaftsgebäude eingetragen. Um die Gebäude und im westlichen Teil des Grundstücks ordnen sich Einzelbäume ein. Aus dieser Studie sollte der Garten werden, den wir dann ausgeführt auf den Stadtplänen um 1840 und auf Tiergartenplänen sehen.

Planslg. Nr. 7393

Quellen u. Lit. zu Nr. 80 u. 81

Rave-Wirth, Bauwerke ... Berlin 1955, S. 143–146
Wendland S. 176–179
Schinkel-Werk-Rave 1981, S. 209–212
Hoffmann-Axthelm, Walter: Die Familie von Graefe und ihre Villa Finkenherd im Berliner Tiergarten. In: Mittn. d. Vereins f. d. Gesch. Berlin 1970, S. 299–301, 322–334

82 Abb.
Garten des Prinzen Carl von Preußen am Wilhelmsplatz um 1828

1826 erhielt Prinz Carl von Preußen das barocke Palais am Wilhelmsplatz zugewiesen. Noch im selben Jahr besichtigte er es zusammen mit Schinkel, der es dann 1827/28 für den Prinzen umgebaut hat. Stüler war Bauleiter. Er hat unsere Zeichnung mit den Gebäudeumrissen angefertigt, damit Lenné seine Gartenvorstellungen einskizzieren konnte.

„Garten Sr. K. H. des Prinzen Carl von Preußen"
Plangrenzen: Wilhelmsplatz, Grundstücksgrenzen
Signiert: „Stüler", Garten Lenné eingenhändig
Bezifferter Maßstab in Fuß. Wasserzeichen von 1823
Bleistift 40,2 × 49,4 cm

Der Garten des rechteckigen Grundstücks ordnet sich teils dem Palais, teils einem Sitzplatz an der Schmalseite zu. Der Weg von der Einfahrt zur Eisgrube ist alleeartig bepflanzt und schließt den Gartenraum ab. Ein kleines Fontänenbecken liegt in der Achse eines terrassenartigen Vorbaues zu einem baumumstandenen Sitzplatz. Einzelbäume, Baumgruppen und Sträucher bedecken die Freiflächen auffallend dicht.

Planslg. Nr. 3633

Quellen u. Lit. zu Nr. 82
Lenné-Nachl. Nr. 3 fol. 25a, 26a
Schinkel-Werk-Sievers 1942, S. 169–248
Wendland S. 89

83 Abb.
Garten Begas und Stier auf dem Karlsbade 9 u. 10 1829

Die Straße „auf dem Karlsbade" in Schöneberg läuft etwa parallel zum Landwehrkanal. Sie erhielt ihren Namen von der dort gelegenen Badeanstalt. Der Archi-

J. F. Nagel um 1790
Die Wulff'sche Kattunbleiche mit dem Gartenhäuschen an der Spree, später Garten Bülow

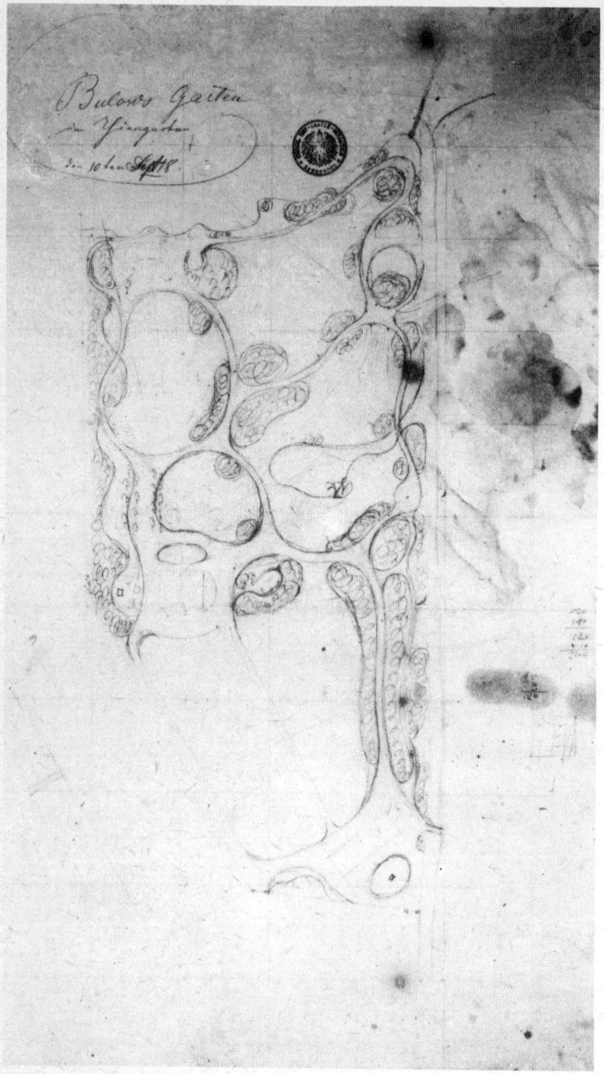

72

tekt Wilhelm Stier und der Maler Karl Begas ließen sich hier ihre Häuser bauen. 1859 mietete der Stadtplaner James Hobrecht das im Garten Begas stehende Atelier als Baubüro.

„Garten des Prof. Begas zu Berlin 1829“
Plangrenzen: Grundstücksgrenzen sowie Nachbargrundstücke
Sign.: „Reinplan gez. von AGKL“ Lenné eigenhändig auf einer Grundzeichnung von Klengel
Bezifferter Maßstab in Ruten und Werck Schuh
Feder in grau, Bleistift 36,6 × 52 cm

Ein größeres Grundstück wird für die beiden Villenbauten geteilt, der Garten jedoch als ein Ganzes betrachtet. Reiche Zierbeete fügen sich nur in die unmittelbare Nähe der Häuser, während die anderen Flächen in den schwingenden Wegeformen des Landschaftsgartens behandelt werden. Die Vorfahrten, fast regelmäßig bepflanzt, sind verhältnismäßig dicht, die Gartenseite dagegen sehr locker, um Ausblicke auf den Tiergarten und über den Kanal auf die Türme Berlins zu rahmen.

Planslg. Nr. 3630
Lit. zu Nr. 83
Wendland S. 184–186

84 Abb.

Garten A. L. Kerll Bauhof 1 1831

August Ludwig Kerll war 1826 mit Schinkel in Italien gewesen. Laut Adreßbuch wohnte Kerll, der auch Mitglied des Gartenbauvereins war, 1832 in der Straße Bauhof 1 (jetzt Clara-Zetkin-Straße). Die Fenster der Vorderfront seines Hauses blickten auf die Anlagen zwischen der Rückseite der Singakademie und der Universität. Das Kerll'sche Grundstück ging bis zur nächsten Parallelstraße im Norden, der Bauhofgasse (jetzt Bauhofstraße) durch. Das ist die „Straße“, die Lenné auf seiner Skizze verzeichnet. Der „Garten“, den er rechts andeutet, ist der heute noch vorhandene, nicht bebaute Garten des Magnus'schen Hauses Kupfergraben 7. Gegenwärtig ist hier der Sitz der Physikalischen Gesellschaft der DDR. Die Bauten auf dem ehemals Kerll'schen Grundstück sind im Kriege zerstört worden, so daß nun der Garten als Durchgang zwischen Clara-Zetkin-Straße und Bauhofstraße dient. Von den Lenné'schen Pflanzungen dürften noch zwei Bäume herrühren, von denen besonders die alte Kastanie mit ihrer weit überhängenden Krone an die einstige Gartenschönheit erinnert. Kerll hatte den Wohnsitz schon mindestens seit 1836 gewechselt. Er bewohnte das von Gilly erbaute, vorher den Gabains gehörige Landhaus Tiergartenstraße 30/31. Es war ihm durch seine Frau, eine geborene Gabain, zugefallen.

„Garten des Geh. Ober Finanzrath Kerl zu Berlin"
Plangrenzen: Straßen und Grundstücksgrenzen
Sign.: „Reinplan fec. A L Klengel d 19/31"
Zeichner: Umriß in Feder Klengel, Bleistifteinzeichnungen Lenné eigenhändig. Die Anmerkung über Zeichnen des Reinplans bezieht sich offenkundig darauf, daß Klengel nach der Skizze den Reinplan gezeichnet hat, der nicht erhalten ist
Beziffester Maßstab in Ruten
Feder in braun, Bleistift 34,6 × 22,3 cm

Die sehr verwinkelte Fläche des teilweise umbauten Grundstücks füllt sich mit einem amöboid geformten Rasenstück, dessen breites Teppichbeet sich einer berankten Pergolalaube zuordnet. Der Rand des Grundstückes läuft in schwingenden Linien. Vor einer Sitzbank, wie auch am Zugang vom Hof liegt ein ovales, großes Beet, jeweils dicht bepflanzt.

Planslg. Nr. 3634
Lit. zu Nr. 84
Wendland S. 257–258

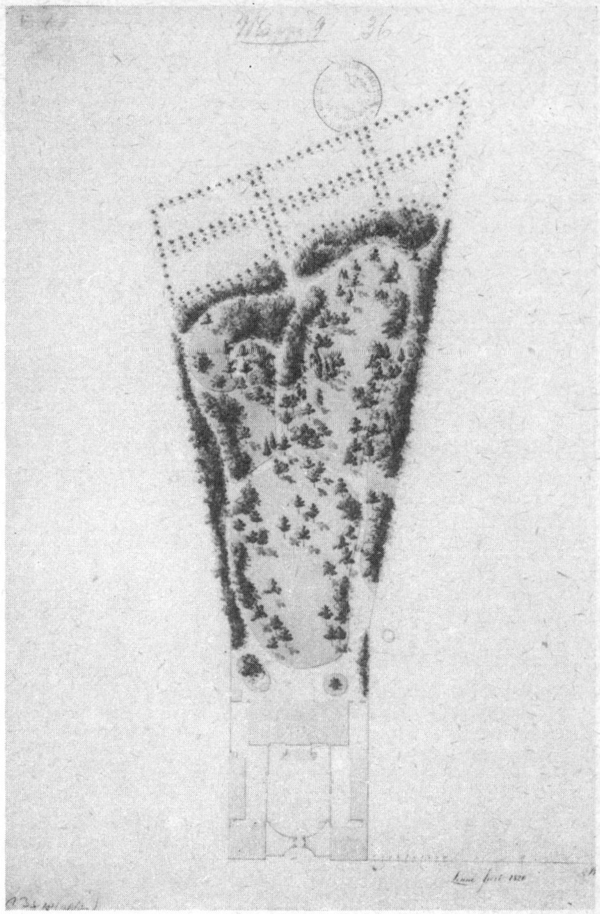

73

85 Abb.

Garten des Grafen Friedrich Wilhelm von Redern
Unter den Linden 1. Um 1835

Karl Friedrich Schinkel hatte von 1830–1835 das alte Palais Kamecke für den im Berliner Kunstleben engagierten Grafen Redern umgebaut. Im Stil eines Florentiner Palazzo erbaut, beherrschte es die Ecke Unter den Linden – Pariser Platz und ließ mit seiner wehrhaften Front nicht ahnen, daß sich hinter seinen Mauern ein von Lenné angelegter Garten verbarg. Später entstand hier das Hotel Adlon.

„Hausgarten des Grafen von Rödern in Berlin."
Plangrenzen: Grundstücksverlauf
Zeichner: Lenné eigenhändig
Beziffester Maßstab in Fuß
Bleistift, Beschriftung Feder in braun 47,8 × 34,3 cm

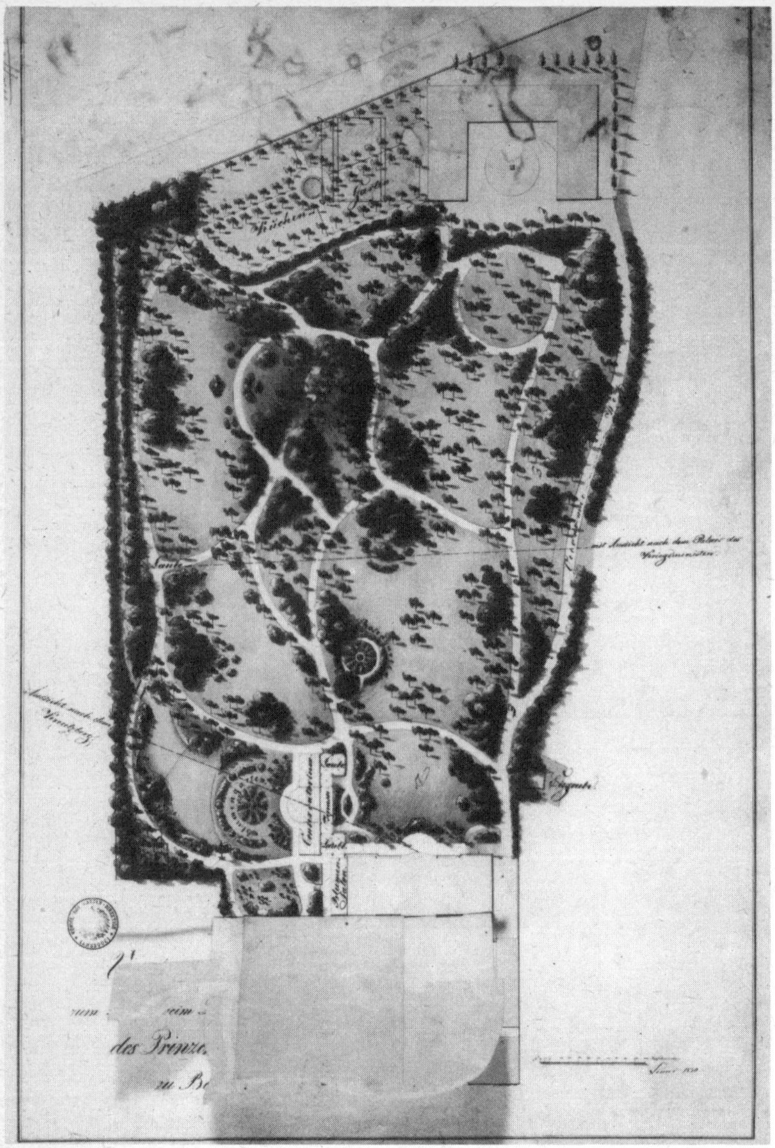

76

Unbekannt aus dem Kamenzer Album um 1835
Der Garten des Prinzen Albrecht an der Wilhelmstraße mit dem Maschinenhaus von K. F. Schinkel und Blick zum Kreuzberg

F. Marohn um 1840
Das Palais des Prinzen Albrecht an der Wilhelmstraße

Der an das Haus bzw. an die Hoffläche anschließende rechteckige Stadtgarten wird von einem Weg, der beiderseits mit Blumen bepflanzt ist, eingefaßt. Der Zugang erfolgt von der Mitte und führt auf ein Brunnenbecken, offensichtlich mit figürlichem Schmuck, zu. Die sich anschließende rundliche Fläche ist ebenso wie die anderen Rasenstücke verhältnismäßig dicht mit Gehölzen bepflanzt. Am Ende des Gartens, leicht angehöht, erhebt sich ein Gartenhaus, ebenfalls mit Gehölzen eingegrünt.

Planslg. Nr. 3637
Quellen u. Lit zu Nr. 85
Wendland s. 70–71
Schinkel-Werk-Rave 1981, S. 226–236

86 Abb.
Garten des Freiherrn von Stein zum Altenstein.
Schöneberg Hauptstraße 17 (Kolonistengrundstück 10).
Um 1839

Der Freiherr von Altenstein (1770–1840) war Minister der Geistlichen, Unterrichts- und Medizinal-Angelegenheiten. Er regte die Gründung des Verein zur Beförderung des Gartenbaues in den preußischen Staaten an. Zu den elf Gründungsmitgliedern im Jahre 1822 gehörte auch Lenné. Altenstein hatte ihn dann auch zu den Beratungen zugezogen, die 1823 zur Gründung der Gärtnerlehranstalt in Schöneberg und Potsdam sowie der Landesbaumschule in Potsdam führten. Das Grundstück in Schöneberg hatte Altenstein 1838 erworben.

„Situations Plan von dem Sr.: Exellenz dem Koenigl. Staats-Minister von Altenstein zugehörigen Grundstück zu Neu Schöneberg."
Plangrenzen: Schmales Villengrundstück in Neu Schöneberg
Signiert: „aufgenommen von G. Koeber". Bleistifteinzeichnungen Lenné eigenhändig
Bezifferter Maßstab in Fuß. Wasserzeichen von 1816
Feder in schwarz, Bleistift 71,3 × 47 cm

Von Gerhard Koeber aufgenommener Situationsplan des Gartens. Er besteht aus Vielzahl kleiner, verschachtelter Flächen, die mit Laub- und Nadelbäumen bepflanzt sind.
Bleistifteintragungen verändern das vorhandene Wegenetz und fassen mehrere kleine Flächen zu größeren

Partien zusammen. Damit entfällt eine etwa 40 m lange Obstbaumallee, so daß der Garten trotz Kegelbahn und Ställen einheitlicher wird.

Planslg. Nr. 3627
Lit. zu Nr. 86
Wendland S. 364–365

87
Garten des Oberhofmarschall von Maltzahn
Oberwallstraße 4 um 1836

Der Garten entstand an dem alten Gouvernementshause, das damals von dem Oberhofmarschall von Maltzahn bewohnt wurde, dem Intendanten der königlichen Schlösser und Gärten.

„Garten Sr Exellenz des Herrn Hofmarschall B. v. Maltzahn zu Berlin"
Plangrenzen: Wohnhaus an der Oberwallstraße, Grundstücksgrenzen
Zeichner: Feder Klengel, Bleistift Lenné eigenhändig
Bezifferter Maßstab in Ruten
Feder in grau, Bleistift 19,8 × 32,1 cm

Seitlich eines mit Robninen bepflanzten Rondells ist der Zugang zum Garten von der Oberwallstraße möglich. Der abgeknickte langgestreckte Garten ist zum Festungsgraben mit zwei Kastanienreihen begrenzt. Die Rasenflächen sind mit Platanen besetzt.

Planslg. Nr. 3635
Lit. zu Nr. 87
Wendland S. 57–58

88
Garten des Karl Heinrich Ludwig von Borstel
Leipziger Platz 11 zwischen 1840–43

„Situations-Plan vom Garten des General von Borstel Excellenz"
Plangrenzen: Grundstücksgrenzen
Signiert: „C. Henning". Bleistifteinzeichnungen Lenné eigenhändig
Bezifferter Maßstab in Dezimalruten
Feder in grau, Bleistift 50,8 × 38,8 cm

Das langgestreckte Grundstück, beiderseits zur Hälfte von einer Pergola begrenzt, wird von Wegen erschlossen, die in leicht geschwungener Form den Grundstücksgrenzen folgen. Bleistifteinzeichnungen ändern den Wegeverlauf in der dem Gewächshaus zugeordneten Fläche. Ein sehr großes Rundbeet sorgt für den Blumenschmuck des Gartens. Auch die Bepflanzung mit sehr großen Buschgruppen und Einzelbäumen füllt den Gartenraum mehr als bisher.

Planslg. Nr. 3631

89 Abb.
Garten des August Borsig in Moabit um 1850

1845 kaufte sich August Borsig das Grundstück in Moabit, auf dem Strack seit 1849 ein Wohnhaus und einige Neubauten, vor allem Gewächshäuser, errichtete.

„Situations Plan des in Alt Moabit No 5 belegenen Grundstück dem Herrn A Borsig gehörig"
Plangrenzen: Spree, Privatgrundstücke, Weg von Berlin nach Moabit (Altmoabit), Stromstraße
Signiert: „aufgenommen durch Goslich im November 1845"
Zeichner des Gartens: Lenné eigenhändig
Bezifferter Maßstab in Fuß
Feder in grau, laviert in blau, grau und rosa; Garten in Bleistift einskizziert 82,5 × 53,3 cm

In dem Situationsplan vom November 1845 ist in Bleistift skizzenhaft die Neugestaltung eingetragen. Die Einfahrt an der Westseite bleibt erhalten und der Teil zwischen Straße, Wohnhaus und geplantem Glashaus wird parkartig mit zwei großen, geschwungenen Flächen gestaltet. Formale Beetanlagen in Hausnähe und Baum- und Buschpflanzungen gliedern die Neugestaltung.

Nach Süden liegt vor Haus und Glashaus eine regelmäßige Anlage mit drei beherrschenden Rundbeeten, an die sich bis zu den Niederungsteilen des Gartens an der Spree eine Rasenfläche anschließt, seitlich durch kulissenartige Abpflanzungen räumlich vertieft. Eine viereckige Wasserfläche mit Insel – noch vom Vorbesitzer vorhanden – bleibt erhalten, während ein eiförmiger Teich umgestaltet und in sehr belebten Formen ganz wesentlich vergrößert wird.

Brücken und eine Plastik beleben den Garten. Eine Pergola rahmt die Südostecke des Gartens an einem Aussichtshügel, überhöht von einem Gartengebäude. Zwei weitere Hügel in Spreenähe und an der Moabiter Einfahrt bleiben erhalten.

Der Garten wurde im wesentlichen so ausgeführt.

Planslg. Nr. 3622
Quellen u. Lit. zu Nr. 89
Wendland S. 158–159
Michael Seiler: Der Borsigsche Garten und die Gewächshäuser Moabit. In: Berlin. Von der Residenzstadt zur Industriemetropole. Berlin TU, 1981, S. 487–493

Fürsten- und Gutsgärten vor der Stadt

90
Glienicke 1831

1824 erwarb Prinz Carl von Preußen Gutshaus und Park Glienicke von den Erben des Staatskanzler Fürsten Hardenberg. Karl Friedrich Schinkel erhielt den Auftrag, schon vorhandene Gebäude zu Schloß und Kasino umzubauen sowie kleinere Parkbauten einzufügen. Lenné hatte schon für den Fürsten Hardenberg seit 1816 den Park umzugestalten und konnte nun seine Tätigkeit für den Prinzen fortsetzen. Wir wissen von Konferenzen des Prinzen mit Schinkel und Lenné. Auch der Maler August Wilhelm Schirmer wurde hinzugezogen, um das Bild des Parkes zu gestalten. Lenné und Schirmer faßten dann in gemeinsamen Berichten ihre Vorstellungen zusammen.

„Situationsplan des Parks und projectirten Wildgarten bei dem prinzlichen Schloße zu Glienicke"
Plangrenzen: Havel, Moorlake, Weg zur Überfahrt, Pfaueninsel, Chaussee nach Berlin, Gelände des Böttgerberges
Signiert: „Lenné 1831."
Zeichner: Koschny
Feder in grau und schwarz, kräftig farbig in grün, braun, blaugrün, ocker, rosarot laviert 39,1 × 52,3 cm

Das Gelände teilt sich in den „projectirten Wildgarten", dessen Grenze mit organgenfarbener Strichellinie abgegrenzt ist, und den Park.
Der projektierte Wildgarten nimmt etwa drei Viertel der Gesamtfläche ein. Wege nach Moorlake und Nikolskoe erschließen den Wildgarten in nordsüdlicher, während drei in nordwestlicher Richtung verlaufen. Es entstehen so langgestreckte, sich auch in der Bepflanzung der Bodenbewegung anpassende Freiräume, die sich durch zurückweichende Pflanzungen seitlich erweitern. Die Grenzen des Wildgartens sind fast überall dicht zugepflanzt.

J. Schoppe um 1830
Der Garten Graefe am Tiergarten

Der Park wird lichter, offener gehalten, wobei vor allem im südlichen Teil ausgedehnte Rasenflächen von kleinen, mit Baumgruppen besetzten Höhen überragt werden. Sehr kleinteilig ist die südwestliche Umgebung des Schlosses mit den Nebengebäuden durchgearbeitet, die schon zu dieser Zeit als Pleasureground genutzt wird. Von dem projektierten Wildpark wurde nur ein Drittel ausgeführt.

Planslg. Nr. 3783
Quellen u. Lit. zu Nr. 90
Lenné-Nachl. 24 Vol. I u. II. 1824–47
Hinz S. 78–87
Schinkel-Werk-Sievers 1942, S. 19–74
Wendland S. 352
Sperlich, Martin u. Michael Seiler: Schloß und Park Glienicke. In: Zehlendorfer Chronik. Berlin-West 1977

91 Abb.
Pfaueninsel 1829

Die in den Gewässern der Havel zwischen Berlin und Potsdam gelegene Insel hatte schon Friedrich Wilhelm II. verlockt, sich auf ihr ein Schlößchen zu errichten und sie gärtnerisch gestalten zu lassen (1794–1796). Auch Friedrich Wilhelm III. liebte die Insel und ließ hier eine

Menagerie unterbringen. Seit 1824 arbeitete Lenné an einer Planung für die Insel, wobei er ihre Nutzung als Tiergarten berücksichtigen mußte. 1829/30 wurde das große Palmenhaus errichtet, in dem Lenné eine Sammlung verschiedener Palmenarten anlegte.

„Pfaueninsel. (Potsdam.) 1829."
Plangrenzen: Ufer der Pfaueninsel
Zeichner: Koschny
Bezifferter Maßstab in Ruten. Nordpfeil
Feder in grau, wenig Bleistift. Mit schwarzem Doppelstrich gerahmt, laviert in grün, gelb, graubraun, hellocker, blau, rosa 50,2 × 72,3 cm

Dieser Plan muß als Vorstufe für den seit 1945 verschollenen großen Plan der Pfaueninsel von 1830 betrachtet werden.
Vom Schlößchen aus verlaufen zwei große Sichten in Ost-West-Richtung, durch einen schmalen Riegel aus Laubgehölzen getrennt. In diese Pflanzungen stellt Lenné sehr geschickt die verschiedensten Baulichkeiten (Käfige und Zwinger für Affen und Löwen, das Kavalierhaus, die Fasanerie), in jene der Südseite die Russische Rutschbahn, das Wasserreservoir, den Wasservogelteich, die Voliere sowie Zwinger und Bärengrube.
Die Umgebung des Schlößchens, Nadelgehölze schützen vor Nordwinden, bleibt ganz schlicht, nur ein Blumengarten bringt Blütenfülle. Der südliche Steilhang zur Havel nimmt die kleinen Gewächshäuser und Gartenflächen auf, dazu das Gebäude für die Dampfmaschine und am östlichen Ende der Insel den Jagdschirm.
Größere Flächen, teilweise landwirtschaftlich genutzt, liegen im nordöstlichen Teil der Insel, wo neben der Büffelbucht noch die Meierei als Staffagegebäude zwischen Bäumen eingebettet ist.
Die Gebäude haben Ziffern, Legende dazu links oben.
Der Plan wurde ausgeführt.

Planslg. Nr. 3782

92
Pfaueninsel um 1830

„Situations-Plan der Königl. Pfauen-Insel"
Plangrenzen: Ufer der Pfaueninsel

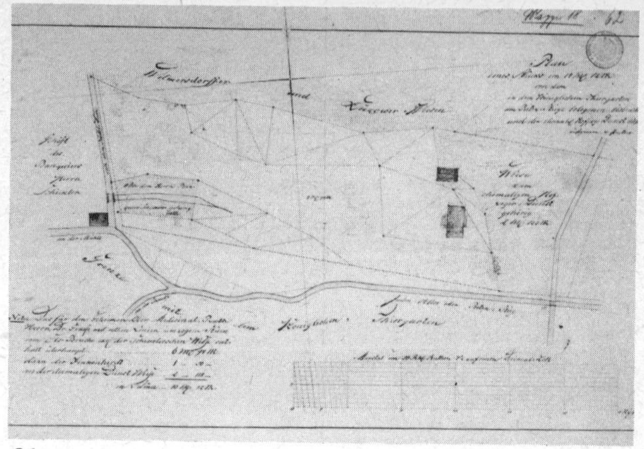

81

82

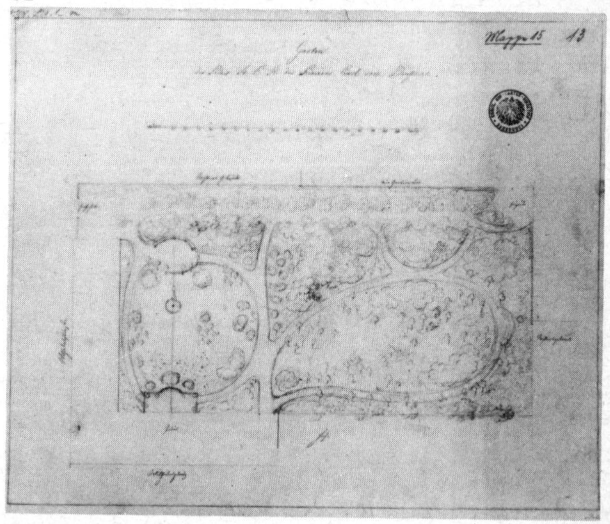

Zeichner: Koeber
Feder in braun und grau, Korrekturen in Bleistift, Seidenpapier
51,3 × 78 cm

Im großen und ganzen entspricht dieser Plan dem von 1829, jedoch sind Wasserleitungen und Sichtbeziehungen eingetragen, auch die Bleistiftkorrekturen des 1829er Planes (z.B. Wegeführungen) in den süd- und nordöstlichen Inselpartien eingearbeitet.
Einzelne, hier nur mit Bleistift sorgsam eingezeichnete Gartenteile weisen auf Abweichungen vom Plan 1829 hin. Sie beziehen sich auf Wegeänderungen, Wechsel von Laub- und Nadelgehölzen, auf die neue Anlegstelle sowie Details im Gärtnereinutzungsgelände.

Planslg. Nr. 3781

93
Pfaueninsel um 1850

Plangrenzen: Ufer der Pfaueninsel, Ufer von Nikolskoe
Zeichner: Gustav Meyer
Bezifferter Maßstab in Ruten
Feder in grau, laviert in grün, blaugrün, blau, rosa, auf Leinen aufgezogen 65,9 × 71,2 cm

Dieser Pfaueninselplan ist Teil eines Aufmaßes der Gärten um Potsdam und sollte Grundplan zu einem umfassenden Gartenwerk sein. In diese Reihe gehören u.a. der Sanssouci-Plan um 1845 und der Babelsberg-Plan von 1850.
Geometrisch genau sind die Gebäude und die Wegeführungen eingemessen, desgleichen die Trassen der Wasserleitungen. Nur im Südosten der Insel fehlen die Wege bzw. sind nur andeutungsweise eingetragen. Verschiedene Färbungen der Gehölzflächen deuten auf unterschiedliche Gehölzzusammensetzung hin. In den blaugrün getönten Partien dürften mehr Nadelgehölze eingestreut sein.
Deutlich heben sich die parkartig genau durchgearbeiteten Teile der Insel von den Flächen im Nordosten ab, die der Landwirtschaft vorbehalten waren.
Die nüchtern-praktische Darstellung darf nicht über den grundlegenden Wert des Planes als genaues Aufmaß um 1850 hinwegtäuschen.

Planslg. Nr. 7396

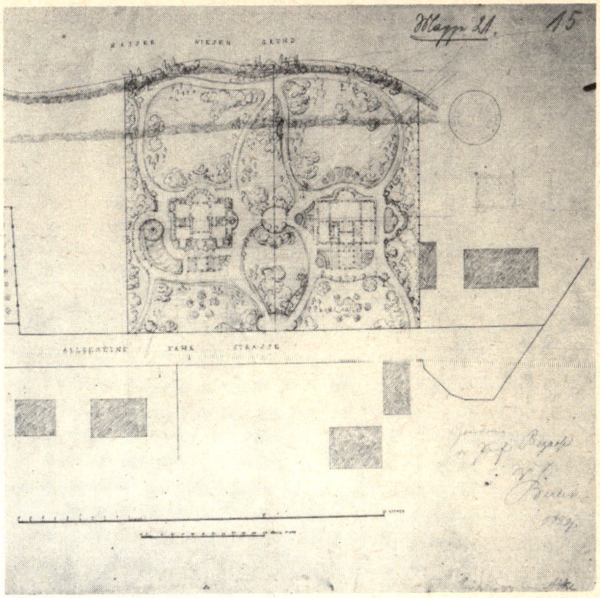

83

Quellen u. Lit. zu Nr. 91–93
ZSTAM Lenné-Nachl. Nr. 7,5 (Bewässerungsanlage 1834, fol. 1–14)
Hinz S. 42–46
Wendland S. 354–361
Seiler in Plessen – Gartenkunst S. 110–125

94
Nikolskoe 1836

Nikolskoe wurde zur Verschönerung der Landschaft am Havelufer gegenüber der Pfaueninsel angelegt. Die russischen Reminiszenzen in Name und Art der Gebäude sind eine Huldigung vor der Tochter Friedrich Wilhelms III. – Charlotte –, die als Gattin Nikolaus I. Zarin von Rußland war. 1819 wurde ein russisches Blockhaus errichtet, 1834–1837 folgte eine Kirche. Ihr Baumeister war Stüler, der vor allem für die Lage in der Landschaft wesentliche Anregungen von Schinkel und Lenné erhielt.

„Allgemeiner Situations Plan der Umgebung bei Nikolskoë“
Plangrenzen: Uferweg von der Pfaueninsel nach Potsdam, Wirtschaftsgebäude, Überfahrt zur Pfaueninsel, Höhenweg, Wirtschaftsgebäude Nikolskoe
Signiert: „Lenné“ „Koschny fec.“
Bezifferter Maßstab in Dezimalruten
Feder in schwarz, laviert in grün bis gelbgrün, rosa und gelb
36,2 × 60,4 cm

Der Nordhang zur Havel trägt in den unteren Partien dichte Bepflanzung, zum Teil mit Nadelhölzern durchsetzt. Der obere Hang ist lichter gehalten, vermutlich um Ausblicke auf die Pfaueninsel und die Havel zu ermöglichen. Zum Wirtschaftsgebäude an der Überfahrt führt ein geschwungener Weg hangaufwärts bis zur Kirche und den dazugehörenden Gebäuden, die auch vom Höhenweg aus erreichbar sind.
Die Bezeichnung auf dem Plan oben rechts „ad. 3,a“ weist auf den Zusammenhang hin, in dem er gezeichnet ist. In der Akte 36, der Plankammer ist ein Schreiben abgeheftet, in dem Lenné dem Hofmarschall von Massow am 21. 2. 1836 mitteilt, daß er ihm Pläne und Kostenanschlag zu Nikolskoe überreicht. Unter „3,a“ erscheint der allgemeine Situationsplan.
Der Plan wurde ausgeführt.

Planslg. Nr. 3784

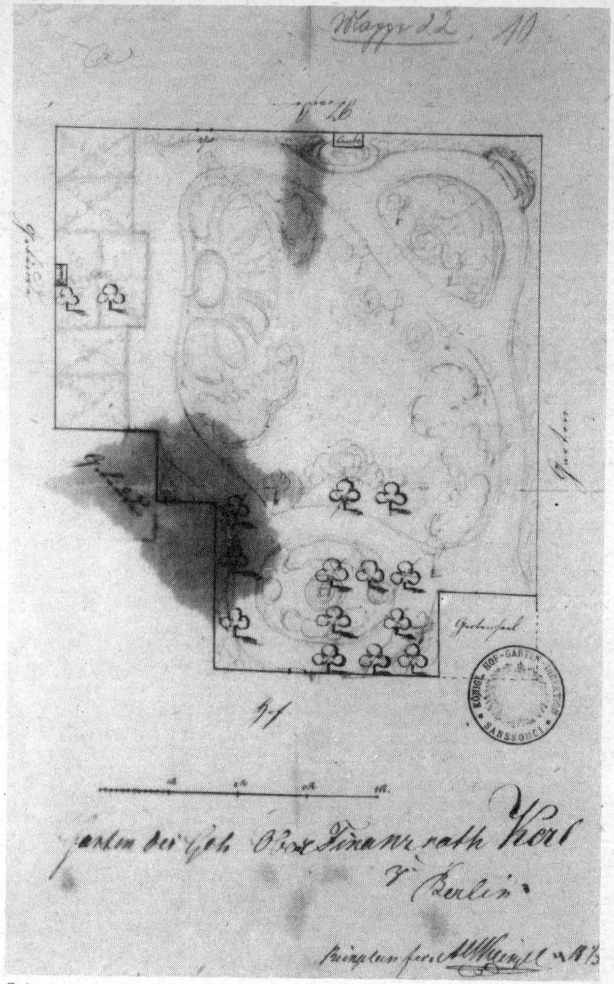

84

95
Nikolskoe 1836

Plangrenzen: Umgebung der Kirche
Zeichner: Koeber
Bleistift 42,2 × 25,4 cm

Vom Kirch-Plateau führen seitlich der exedraartigen Aussichtsfläche je eine Treppe herab zu einer weiteren Aussichtsplattform, die sich östlich und westlich in leichten Halbkreisen ausdehnt. Der westliche Zugang bleibt erhalten, im Osten wird ein zusätzlicher eingefügt. Rasenpartien nehmen die Längsrichtung der Kirche auf, werden jedoch durch Wege getrennt, die sich den neuen Halbkreisen zuordnen. Buschwerk grenzt den Freiraum des aufsteigenden Hanges ab.
Es handelt sich um eine Bleistiftskizze des Kirchengrundrisses und der um die Kirche zu planenden Anla-

F. J. Tempeltey um 1840 · Das Palais Unter den Linden 1

gen. Zweifellos ist das Blatt eine Vorarbeit zu dem in der Akte 36 unter „3 b" aufgeführten „speciellen Situations Plan der Neuen Kirche, welcher zugleich die projectirten Anlagen und Pflanzungen der Umgebung nachweist". Die Reinzeichnung zu der Skizze hat sich nicht erhalten.

Planslg. Nr. 7394

96
Nikolskoe 1837

Plangrenzen: Unmittelbare Umgebung des im Forstgrund liegenden Schulgehöftes mit anschließendem Garten und Begräbnisplatz
Zeichner: Koeber
Bezifferter Maßstab in Ruten. Wasserzeichen von 1836
Feder in grau, braun, blaßgrün und rosa laviert 27,3 × 44,1 cm

Skizze zum nachfolgenden Plan, die in den Maßen genau übereinstimmt. Unterschiedlich ist nur die Einzeichnung der Gehölze und Baumgruppen. Auf der Skizze sind diese mehr oder weniger dicht, fast gleichmäßig aufgetragen. Auf dem Plan entstanden Gartenräume. Auch unterschiedliche Baumtypen (Hochstämme und Heister, rund- und spitzkronige Bäume) können abgelesen werden.

Planslg. Nr. 7395

97
Nikolskoe 1837

„Situations-Plan des Schulgehöftes, Gartens und Kirchhofes bei Nikolskö."
Plangrenzen: Wie Nr. 7395
Signiert: „Lenné 1837" „gez. G. Koeber."
Bezifferter Maßstab in Ruten. Wasserzeichen von 1834
Feder in grau, laviert in blaßgrün, hellbraun, rosa, Gartenanlagen in Bleistift 33,2 × 38,7 cm

Begräbnisplatz und Gartenland sind durch den waldartigen Baumbestand dicht abgeschlossen. Ein breiter

Weg führt in einem flachen Viertelkreis zum Begräbnisplatz, vor dem er sich halbkreisförmig erweitert.
An der Schmalseite liegen Wohnhaus, Schule und Stallung. Der Weg, gleichlaufend zu den Gebäuden geführt, wird hier platzartig, immer von Bäumen gerahmt. Der Baumbestand lockert sich parkartig auf und läßt vor allem vor dem Wohnhaus eine Freifläche entstehen, von der der Blick über die Kirche zur Havel gleitet.
Der Plan wurde ausgeführt.

Quellen u. Lit. zu Nr. 94–97
Plankammer Akte 36, S. 171
Hinz. S. 46
Wendland S. 359–360

98
Buchholz 1827

Graf Lottum hatte sich einen in Buchholz gelegenen großen Garten gekauft und ließ ihn von Lenné als Sommersitz gestalten.

„Plan zur Verschönerung des dem Herrn Staatsminister Grafen v. Lottum zugehörigen Elsbruchs zu Franz: Buchholz."
Plangrenzen: Park Buchholz, ohne Verbindung zur Umgebung
Zeichner: Sello?
Maßstab ohne Angabe der Maßeinheit
Feder in grau, braun und schwarz, laviert in grüngelb, graubraun und grünblau. Einbesserungen in Bleistift 35,7 × 51 cm

Das Gelände wird auf drei Seiten von ziemlich geradlinigen Gräben der Panke-Niederung umgeben, von denen einer in spitzem Winkel in das Gelände, parallel zu den Grenzen des Wirtschaftsgartens, eingreift.
Große Wiesenflächen werden von dichten Gehölzpflanzungen gerahmt, während Einzelbäume hainartig den Übergang zur Freifläche bilden. Ein leicht geschwungener, teichartig erweiterter Graben zieht sich aus einem schmalen, von dichten Gehölzpflanzungen begrenzten Wiesenstück und wird dann von locker gepflanzten Einzelbäumen begleitet.
In der Nähe des Wirtschaftsgartens verdichtet sich die Abpflanzung, die sich aus einer üppigen Gehölzarten-Zusammenstellung bildet.
Der Plan wurde ein zweites Mal verwendet, um die Erweiterung des Grundstücks einzutragen. Infolge dieser Vergrößerung mußte der Kanal geradlinig nach außen verschoben und im rechten Winkel an der Brücke des Obstgartens angeschlossen werden. Auch die Wegeführung und Pflanzung verschoben sich, so daß die Gartenräume gestreckter werden.
Zahlreiche Gehölznamen zur Bepflanzung sind vermerkt.
Planslg. Nr. 3476

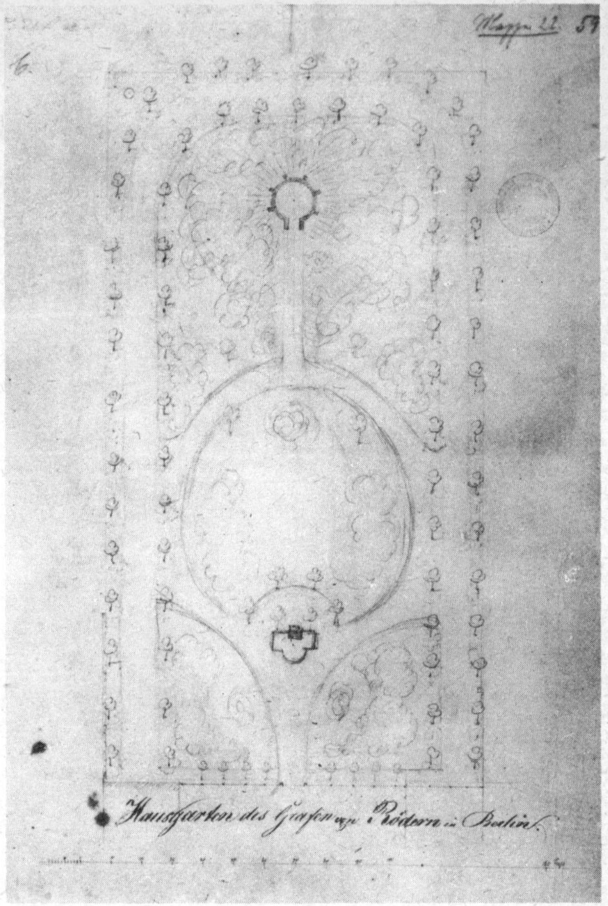

85

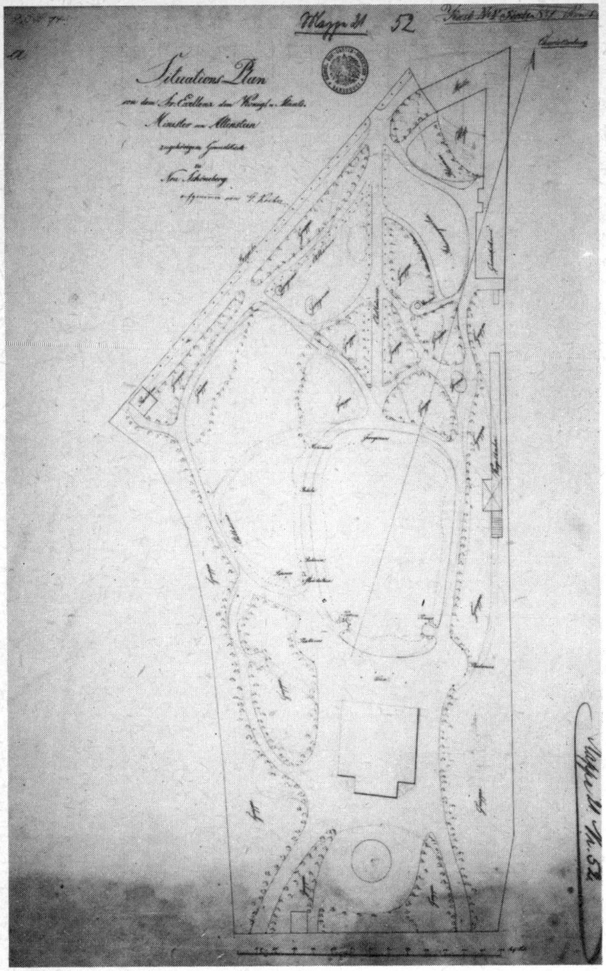

86

99

Buchholz 1827

„Plan zur Verschönerung des dem Herrn Staatsminister Grafen v. Lottum zugehörigen Elsbruchs zu Frz. Buchholz“
Plangrenzen: Wie Nr. 3476
Signiert: „Lenné 1827.“
Zeichner: Sello?
Bezifferter Maßstab in Ruten
Feder in schwarz, laviert in grün mit grau, grünblau, braun, blaßgelb, Anmerkungen und Einbesserungen in Bleistift 40,3 × 59,8 cm

Dieser Plan ist die Reinzeichnung des vorangegangenen Planes ohne die Erweiterungen. Die in diesem Plan eingezeichneten und mehrfach veränderten Wege ziehen sich in eleganten Schwingungen durch das Gelände. Die Pflanzungen sind wesentlich leichter und zurückgedrängt, Einzelbäume lockern sehr vieles auf. Bleistifteintragungen deuten auf erneute Veränderungen hin, die auch im vorangegangenen Plan teilweise nachgetragen sind.

Planslg. Nr. 3474

100

Buchholz 1829

„Besitzung des Königl. u. Geh. St. Minister v. Lottum Exell. zu Fr. Buchholz.“
Plangrenzen: Wie Nr. 3476 mit Erweiterungen unter Hinzunahme des früheren Nutzgartens am Hause
Signiert: „Lenné 1829.“ eigenhändig
Bezifferter Maßstab in Ruten
Feder in braun und schwarz, laviert in grün, blaugrün, braun, Einbesserungen und Anweisung zur Bepflanzung in Bleistift 42,7 × 35,6 cm

Vor dem Hause liegt ein schmaler, in der Art eines Pleasuregrounds ausgearbeiteter Garten, der seitlich mit lockeren Gehölzgruppen bepflanzt ist. Blickpunkt bleibt auch für diesen Garten ein kleiner Teich, der gleichzeitig die Nahtstelle zum Park bildet und auch von dort zum Point de vue verschiedener Parksichten wird. Ganz sanft geschwungene Wege ziehen sich entlang des Park-Grenzgrabens, wobei jeweils in den Ecken Sitzplätze eingefügt sind. Im Innern des Parkes verbinden sich nur wenige Wege, so daß sehr große, meist langgestreckte Wiesen entstehen. Dies wird von verhältnismäßig wenigen, aber umfangreichen Gehölzgruppen unterstützt. Nur einige hainartige Pflanzungen lockern die Übergänge. Außer den Grenzgräben zieht sich ein teichartiger erweiterter Graben schräg ins Parkgelände. Bleistifteintragungen deuten auf erneute Wegeveränderungen in der Nähe des Obstgartens. In Bleistift sind sehr viele Gehölznamen zur Bepflanzung vermerkt.

Planslg. Nr. 3475

Quellen u. Lit. zu Nr. 98–100
Wendland S. 311–312
Lenné – Nachl. Nr. 1, fol. 50, 1827 u. Nr. 4, fol. 172, 1827

Das Zeichenheft des Louis Eyserbeck von 1835

101
Charité 1834

„Plan der neuen Gartenanlage zur Königl: Charité."
Plangrenzen: Charité, Louisenstraße, Schumannstraße, Charitéstraße
Zeichner: Louis Eyserbeck
Bezifferter Maßstab in Ruten
Feder in grau und braun, Bleistift, grün, hellbraun, rosa laviert
23,8 × 37,8 cm

Das Blatt ist das erste eines Heftes „Garten-Pläne entworfen vom Herrn Gartendirector Lenné ausgeführt von L. Eyserbeck. Berlin 1835.", das acht Blatt umfaßt. Von den letzten beiden ist noch einmal ein Vorsatz mit dem Titel „Privat Garten-Pläne entworfen und gezeichnet von L. Eyserbeck", diese gehen also nicht auf einen Entwurf Lenné's zurück.
Das Heft gehört nicht zum alten Lenné-Bestand, sondern wurde um 1930 angekauft. Die angeblich von Lenné entworfenen Gärten entsprechen nicht ganz seinem Stil. Offenkundig ist das aber teilweise durch die Art Eyserbecks zu zeichnen verursacht, denn für das hier aufgeführte Charité-Blatt ist sowohl durch die Akten belegt, daß Lenné den Garten entworfen hat, als auch, daß Louis Eyserbeck ihn ausführte. Außerdem gibt es eine Zeichnung für den Garten im alten Lenné-Bestand (Nr. 66).

Planslg. Nr. 3785

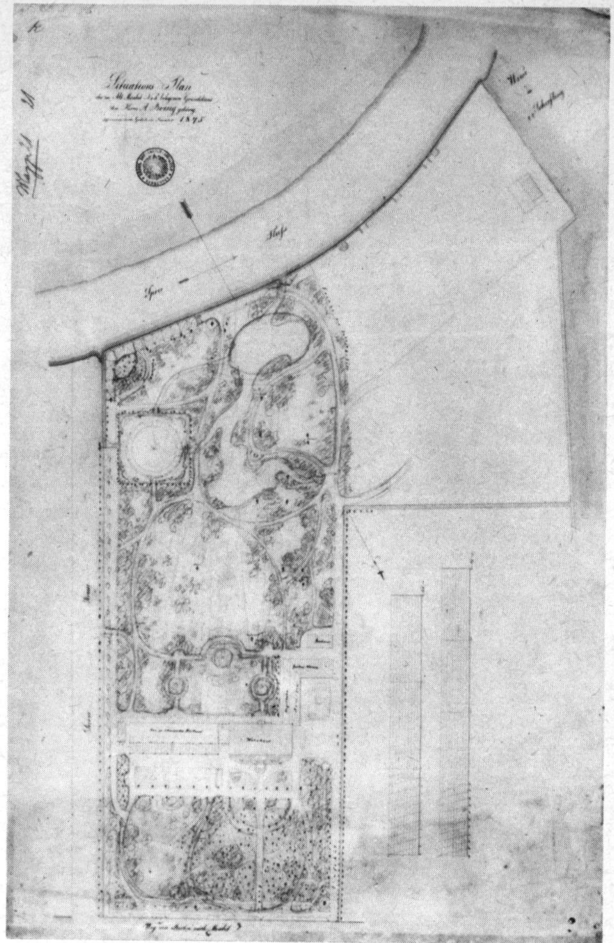

89

Quellen und Lit. zu Nr. 101 siehe Nr. 66

Außer dem Charité-Plan bezeichnet Eyserbeck noch zwei Gärten in seinem Heft als Berliner Arbeiten Lennés:
Planslg. Nr. 3786 „H. Rentier Flesch Orangenb. St."
Planslg. Nr. 3787 „Blumengarten des Zimmermeister Herrn Hensel gehörig. Louisen Straße No. 10. 1/5 1835"
Für beide gibt es aber keine Zeichnungen von Lenné und es hat sich auch kein Beleg dafür finden lassen, daß sie in der Tat von Lenné entworfen wurden.

J. M. Kolb nach Foto von J. Rabe 1882
Die Borsig-Werke und die Villa Borsig in Moabit

Verzeichnis der abgekürzt zitierten Literatur

Karl Friedrich Schinkel Lebenswerk:
Sievers, Johannes: Bauten für den Prinzen Karl von Preußen. Berlin 1942. Zit.: Schinkel-Werk-Sievers 1942
Rave, Paul Ortwin: Berlin Stadtbaupläne, Brücken, Straßen, Tore, Plätze. Berlin 1948. Zit.: Schinkel-Werk-Rave 1948
Sievers, Johannes: Bauten für die Prinzen August, Friedrich u. Albrecht von Preußen. Berlin 1954. Zit.: Schinkel-Werk-Sievers 1954
Rave, Paul Ortwin: Berlin 3. Teil Bauten für Wissenschaft – Verwaltung – Heer – Wohnbau und Denkmäler. München 1981, Zit.: Schinkel-Werk-Rave 1981
Die Bauwerke und Kunstdenkmäler von Berlin. Bezirk Tiergarten. Einf. von Paul Ortwin Rave. Bearb. v. Irmgard Wirth. Berlin (West) 1955. Zit.: Rave-Wirth-Bauwerke Berlin 1955
Geist, Joh. Friedr. u. Klaus Kürvers: Das Berliner Mietshaus 1740 – 1862, München 1980. Zit.: Geist-Kürvers
Hinz, Gerhard: Peter Josef Lenné und seine bedeutendsten Schöpfungen in Berlin und Potsdam, Berlin 1937. Zit.: Hinz
Schinz, Alfred: Berlin, Stadtschicksal und Städtebau. Braunschweig 1964, Zit.: Schinz
Wendland, Folkwin: Berlins Gärten und Parke von der Gründung der Stadt bis zum ausgehenden neunzehnten Jahrhundert. Frankfurt (Main) – Berlin – Wien 1979. Zit.: Wendland
Gartenkunst in Berlin-Brandenburg. Hrsg. v. Marie Luise Plessen, Kat. Berlin 1985. Zit.: Plessen-Gartenkunst

Verzeichnis der abgekürzt zitierten Quellen

ZSTAM:	Zentralarchiv der DDR. Hist. Abt. II Merseburg dort im Rep. 192 der schriftliche Nachlaß Lenné's. Zit.: Lenné-Nachl.
STAP	Staatsarchiv Potsdam
SM	Ehemaliges Schinkel-Museum in den Staatlichen Museen Berlin/DDR Kupferstichkabinett und Sammlung der Zeichnungen

E. Hase um 1850 · Hauptfront des Schlosses Glienicke

M. Roch 1838 · St. Peter und Paul in Nikolskoe mit Blick zur Pfaueninsel

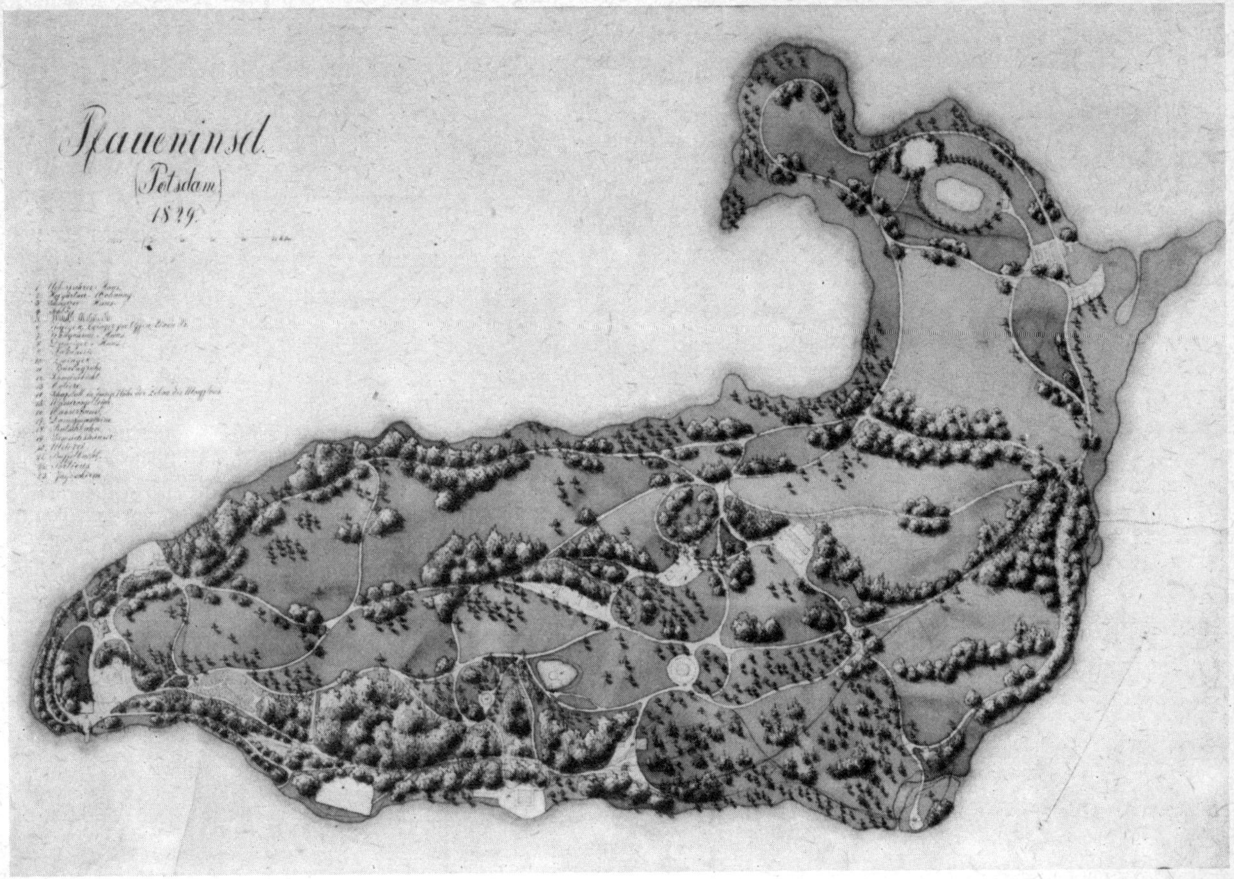

91

Register der Zeichner

Bethge, Alexander

19. 9. 1824 Berlin – ?
Lernte die Gärtnerei in Berlin-Schöneberg und besuchte 1844/46 die Gärtnerlehranstalt. 1846/54 war er Gehilfe in Charlottenburg und Monbijou, 1854 Hilfsarbeiter im Büro der Gartenintendantur in Sanssouci, 1872 Sekretär in der Gartenintendantur. Verfasser des Buches „Die Hohenzollern-Anlagen Potsdams".

Eyserbeck, Louis

Sohn des für Friedrich Wilhelm II. im Neuen Garten in Potsdam und vor allem in Charlottenburg tätigen Johann August Eyserbeck. Nach dessen frühen Tod im Jahr 1801 erzog ihn sein im Dienst des Herzogs Leopold Friedrich Franz in Anhalt arbeitender Großvater Johann Friedrich Eyserbeck. 1817 war Louis Eyserbeck in Karlsruhe bei Gartendirektor Zeyher. Von da aus ging er mit Unterstützung des Herzogs von Anhalt nach Paris, wo er Collegien bei Thouin und Desfontaine hörte. Über Holland begab er sich dann nach Wien in die Dienste des Grafen Harrach in Bruck a. d. Leytha. 1820 bemühte er sich um eine Anstellung in Potsdan oder Berlin, wird aber von Lenné an den Grafen Bülow vermittelt, der ihn in Cumerow beschäftigte. 1828 finden wir ihn dann im Blumengarten des Destillateurs Möves in Berlin, Potsdamer Chaussee 21. In diesem Jahr empfahl ihn Lenné dem Grafen Schwerin für Wolfhagen. 1834 führte er den von Lenné entworfenen Garten der Charité in Berlin aus.
101

Fleischer

Unbekannter Baukondukteur, der nicht zu den Mitarbeitern Lenné's zählt.
34

Friedrich Wilhelm IV.

König von Preußen.
42, 43

Goslich

Unbekannter Zeichner, der 1845 ein Aufmaß des Geländes des späteren Borsigschen Gartens in Moabit lieferte.
89

Graiß

Unbekannter Zeichner, der 1828 den Plan des Leipziger Platzes zeichnete.
65, 70, 71

Groebenschütz

11. 12. 1812–1883 Odessa
Besuchte von 1827–1830 die Gärtnerlehranstalt. 1834 teilte er Lenné mit, daß er von einer Bildungsreise zurückgekehrt sei. Er bittet gleichzeitig, Examen machen zu dürfen. Das wird ihm am 10. 10. 1834 genehmigt. Er war Gartendirektor der Fürstin Storza in Odessa.
79

Henning, C.

Berlin 1811–1875 Berlin
1828/31 besuchte er die Gärtnerlehranstalt. Am 31. 10. 1845 erhält er als Kgl. Garten-Ober-Gehilfe im Tiergarten ein höheres Gehalt. Er war der Nachfolger Koebers im Tiergarten und wurde dort 1867 von Neide abgelöst.
30, 63, 67, 88

Klengel, August Gottfried

1809–1843
Besuchte 1824/1828 die Gärtnerlehranstalt und war danach im Entwurfsbüro von Lenné tätig. Seit 1833 (oder 1834) arbeitete er im Tiergarten. Am 4. 11. 1837 schlug ihn Lenné als Nachfolger von Förster Fintelmann zum Tiergarteninspektor vor. Am 1. 1. 1838 erhielt er die Stelle und führte dort bis 1839 die Lenné'schen Neugestaltungen durch.
26, 58, 59, 76–78, 84, 87

Koeber, Gerhard

Gest. 1852
Er kam aus Magdeburg nach Potsdam und besuchte von 1826 bis 1830 die Gärtnerlehranstalt. Lenné bat am 27. 6. 1834 um eine Stelle für ihn und erwähnt sein vorzügliches Zeichentalent, so daß er in den letzten drei Jahren die meisten Zeichnungen für ihn gemacht hätte. Am 30. 6. 1834 wird Koeber Obergehilfe an Stelle von Gustav Meyer. Von 1843 bis zu seinem Tode 1852 betreute er den Berliner Tiergarten. 1844 hatte er wegen einer Lähmung um Unterstützung für eine Badereise gebeten. Er bekam damals 600 Reichstaler Gehalt im Jahr.
1, 8–10, 12–14, 17–20, 22, 23, 25, 27, 31, 32, 36, 38–42, 46, 48, 49, 53, 62, 66, 68, 69, 74, 75, 86, 95–97

Koschny

Kulm 4. 6. 1812 – 23. 1. 1863 in Potsdam
Besuchte von 1829 – 1830 die Gärtnerlehranstalt. Wir finden ihn als Zeichner für Lenné

nur von 1829 – 1836 für die Pfaueninsel, Glienicke, Nikolskoe und vor allem für den Tiergarten. Später war er lange Jahre Sekretär der Gärtnerlehranstalt.
3–6, 11, 21, 90, 91, 94

Lanz

Feldmesser, gehört nicht zu den Mitarbeitern Lenné's.

Lenné, eigenhändig

2, 25, 35, 72, 73, 78, 82, 84, 87, 88, 89, 100

Meyer, F. W.

Vermessungsrevisor in Berlin. Von 1840–1861 nachweisbar. Arbeitete für die Berliner Stadtplanung. Lieferte Aufmaße für die Planungen Lenné's und James Hobrecht's.
28, 29,42, 43, 55–57

Meyer, Gustav

Erhielt seine Ausbildung an der Gärtnerlehranstalt und war danach im Entwurfsbüro von Lenné tätig. 1859 wurde er Hofgärtner im Ananasrevier, zu dem u. a. der Marlygarten gehörte. 1870 berief ihn die Stadt Berlin als Gartenbaudirektor. Der Friedrichshain, der Humboldthain und der Treptower Park entstanden dort nach Meyers Plänen.
24, 35, 37, 44, 45, 47, 54, 61, 64

Passow

Passow war Forstcommisarius. Er lieferte für Lenné Aufmaße von Ländereien, die dem Forst unterstanden wie Fasanerie, Kleiner Tiergarten und Hasenheide.
16, 38, 50, 81

Schmid, Joh. Carl Ludwig

Gest. 1849
Wird am 28. April 1819 Assesor bei der Oberbaudeputation, später Oberbaudirektor. Leitete die Stadtplanung Berlins vor Schinkel und Lenné.
45

Stüler, August

28. 1. 1800 Mühlhausen – 18. 3. 1865 Berlin
Der Baumeister Stüler hatte ein freundschaftliches Verhältnis zu Lenné. Er muß nach dem Tode Schinkels bei vielen Bauunternehmungen des Königs mit Lenné zusammengearbeitet haben. Am 11. 12. 1850 entschuldigt er sich bei Lenné, daß er dessen Pläne so lange behalten hat, woraus man ersieht, daß sie beide gewohnt waren ihre Pläne auszutauschen.
82

Verlustliste der Berliner Pläne von Lenné

Diese Pläne sind seit 1945 verschollen. Die Liste beruht auf Abbildungen und vorhandenen Negativen. Das sind aber zweifellos nicht sämtliche verlorengegangenen, ehemals in der Plankammer der Staatlichen Schlösser und Gärten vorhandenen Pläne Lenné's für Berlin. Eine genaue Liste kann nicht aufgestellt werden, da es kein Vorkriegsinventar der Pläne gibt.

Charlottenburg 1819 (Hinz Abb. 41)
Charlottenburg Garten der Fürstin Liegnitz (Hinz Abb. 42)
Charlottenburg Parterre 1828 (Wendland Abb. 393)
Tiergarten 1818 (Hinz Abb. 50)
Tiergarten. Teilplan mit den Zelten 1818 (Hinz Abb. 49)
Tiergarten Zelte um 1838 (Nehring Abb. 73)
Tiergarten Denkmalsprojekt 1849 (Nehring Abb. 75)
Pfaueninsel 1830
Jetzt in der Plansammlung der Staatlichen Schlösser und Gärten Berlin-West befindliche Pläne, die zum ursprünglichen Lennébestands der Plankammer gehören:
Projektierte Schmuck- u. Grenzzüge von Berlin mit nächster Umgebung 1840
Grundriß von Berlin mit nächster Umgebung. Um 1844
Tiergarten, Vorzeichnung zum Plan von 1818
Tiergarten 1832
Tiergarten 1834
Tiergarten undatiert
Charlottenburg Garten für den General von Witzleben. Um 1830 (Wendland Abb. 397)
Glienicke Pleasureground 1816
Glienicke um 1820
Glienicke Brouillonzeichnung zur Vergrößerung des Parkes 1830
Glienicke Meyer um 1848
Nikolskoe Legeler 1835 (Wendland Abb. 377)
Nikolskoe 1835 (Wendland Abb. 378)

Inhalt

	Seite
Vorwort	3
Katalog der Zeichnungen	12
Tiergarten und Zoologischer Garten	12
Straßen am Tiergarten	24
Stadtbaupläne und die Verschönerung von Berlin	28
Königsplatz, Exerzierplatz und Moabit	29
Das Köpenicker Feld	38
Schlächterwiese, Hasenheide, Tempelhofer und Schöneberger Feldmark	45
Plätze und Gärten an öffentlichen Gebäuden	52
Privatgärten	64
Fürsten- und Gutsgärten vor der Stadt	79
Das Zeichenheft des Louis Eyserbeck	86
Verzeichnis der abgekürzt zitierten Literatur und Quellen	88
Register der Zeichner	92
Verlustliste der Berliner Pläne von Lenné	95

Abbildungsnachweis

Staatliche Museen zu Berlin, Kupferstichkabinett u. Slg. d. Zeichnungen:
S. 12, 26, 52, 54, 68, 71

Märkisches Museum Berlin S. 22, 27, 63

Stadtarchiv Berlin S. 40, 69 links, 79

Alles andere Staaliche Schlösser und Gärten
Potsdam-Sanssouci (Archiv, Handrick, Mühle)